삶을 쓰다, 나를 찾다

아문 · 조수진 · 김혜진 · 강담 · 시나 · 김현희 · 미류 지음

삶을 쓰다, 나를 찾다

The Moment

프롤로그

"쓰는 동안, 우리는 조금씩 나에게로 돌아가고 있었다."

이 책은 일곱 명의 사람이 자신의 이야기를 정직하게 꺼내 놓은 기록이다. 누구는 조용히, 누구는 단호하게, 누구는 천천히 적어 내려갔다. 그 과정에서 그들은 아주 천천히, 그러나 분명히 자기 자신에게로 돌아가고 있었다.

'아문'은 어느 날 하얀 도화지를 마주했다. 무엇을 그려야 할지 몰라 망설이던 어린 시절처럼. 그러나 이번엔 남이 아닌, 스스로 좋아하는 색으로, 선으로, 면으로 자기만의 이야기를 다시 그려본다. 삶은 지워지지 않는 흔적 위에 덧그려진다는 것을, 그녀는 알게 되었다.

'조수진'은 불안과 함께 살아온 시간을 꺼낸다. 포기하지 못해 계속 지원했고, 두려워서 계속 도전했다. 그 끝에 남은 것은 실패가 아니라, '움직였다는 흔적'이었다. 그녀는 말한다. 불안은 멈춤이 아니라, 오히려 나아가야 할 이유라고.

'김혜진'은 언어를 붙잡는다. 외국어를 배우고, 한국어를 가르치며 세상과 자신 사이를 조금씩 좁혀간다. 그녀에게 언어는 단어를 넘어서, 사람을 이해하고 삶을 연결하는 다리가 된다. 그 다리 위에서, 그녀는 더 넓은 세상을 바라본다.

'강담'은 가족이라는 작은 우주를 바라본다. 어느 날 아들이 건넨 사진 촬영권, 거실에 걸린 '엄마유치원' 팻말, 서재방의 따뜻한 공기. 그 모든 장면이 그의 문장에서 살아난다. 소통이란 결국, 사랑을 반복해서 말해주는 일임을 보여준다.

'시나'는 스스로에게 질문을 던진다. '나는 어떤 사람이 되고 싶은가?' 드라마 속 인물들에게서, 무심한 일상 속 장면에서 삶의 방향을 다시 찾고자 한다. 좋은 사람이 되기 위한 그의 고민은, 조용하지만 단단한 목소리로 남는다.

'김현희'는 조용히 삶을 재정비한다. 오래 함께했던 음악, 바삐 지나온 시간들, 그리고 중년이라는 새로운 이름 앞에서 그녀는 글을 통해 다시 자기를 만난다. 삶이 말을 걸어올 때, 그녀는 그 목소리를 놓치지 않으려 한다.

'미류'는 깊은 밤을 지나온 사람이다. 유방암으로 한쪽 가슴을 잃고, 몸과 마음이 동시에 무너졌던 시절, 그러나 그녀는 춤추는 몸으로 다시 일어섰다. 말보다 더 정직한 몸의 언어로, 그녀는 자신을 치유하고, 다른 이들을 안아준다.

일곱 사람의 이야기는 서로 다른 듯 닮아 있다. 상처에서 시작해, 사랑으로 이어지고, 다시 자신에게 돌아오는 길. 글을 쓰는 동안 그들은 자신을 더 이해하게 되었고, 세상을 조금 덜 두려워하게 되었다.

그리고 지금, 이 책은 조용히 당신에게 말을 건넨다. 쓰는 동안, 우리는 조금씩 나에게로 돌아가고 있었다. 이제 당신의 문장을, 당신의 시간을 살며시 꺼내볼 차례다.

_ 이현정 편집자 드림

프롤로그

"쓰는 동안, 우리는 조금씩 나에게로 돌아가고 있었다."   4

 나를 마주하다

"나의 도화지, 나의 점과 선과 면"

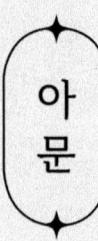

지우기와 덧그리기   17
나를 이루는 흔적들   26
불확실성 속에 계속 나아가기   34
고유한 색깔찾기   39
나의 그림책, 나의 페이지들   46

"불안하기 때문에 도전한다"

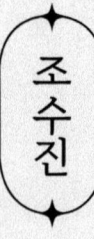

불안, 나를 움직이는 힘   54
나의 열정은 진행형이다   58
도전의 연속, 내 길을 찾다   66
운과 노력의 경계에서   76
나는 멈추지 않는다   83

2부 마음과 마음사이

"말은 세상과 나를 연결해주는 다리"

김혜진

- 언어에 빠지다 _ 긴 여정의 시작   94
- 선택의 기로 _ 꿈과 현실의 괴리   98
- 멈춰야 했던 시간 _ 건강, 육아와 경력 단절   102
- 다시 나를 채우다 _ 작은 도전들   107
- 한국어 교육자로 살기 _ 나만의 길 찾기   112

"사랑은 늘 곁에 있었다"

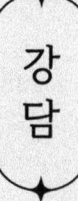
강담

- 서재방의 비밀 _ 아들에게 건넨 조용한 선물   118
- 추억의 가족사진 _ 아들이 준비한 최고의 선물   122
- 엄마 유치원 _ 엄마가 만든 단 하나뿐인 교실   125
- 남편이 아내에게 건넨 말 한마디   131
- 아내가 남편에게 전한 마음   136

"삶의 방향을 다시 묻다"

당신에게도, 낭만은 있나요?　142

그 하루, 정말 아무 일도 없었을까요?　148

지금의 나는, 잘 가고 있는 걸까?　153

흔들리는 사이에도 피어나는 것　157

다시, 나를 잃지 않기 위해　161

3부 삶의 소리를 듣다

"삶이 말을 걸어올 때"

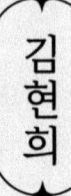

나의 첫 번째 스무살 _ 사랑이 시작되던 날들　170

나의 두 번째 스무 살 _ 엄마가 된다는 것　175

나의 세 번째 스무살 _ 다시 나로 살아가기　188

"춤으로 다시 나를 껴안다"

미류

20대말에 유방암 3기로 가슴 하나를 잃다　204

암을 잊게 한 내 영혼의 동물 고래 '백경 모비딕'　212

'암에서 춤으로' 표현예술치유 스승 안나 할프린　218

누드 비치에서 옷을 벗다! 굿바이 가슴 콤플렉스　227

아름다운 나를 사랑하는 여정, '아나사 리트릿' 개원　237

에필로그

"끝은 늘 시작의 또 다른 이름이었습니다."　244

1부
나를 마주하다

아 문

아동문학 출판기획자이자 그림책 작가로 활동.
숙명여자대학교 대학원 '아동문화콘텐츠'
연구회 회장으로 현재 활발히 활동 중이며,
그림책 교육연구소 및 출판사
'아이올린'도 함께 운영하고 있습니다.
일상 속 소소한 경험도 소중히 담아내는
그림책 작가로 꾸준히 성장하고자 합니다.

인스타 @Solin-sr
블로그 blog.naver.com/iolinpb

나의 도화지, 나의 점과 선과 면

지우기와 덧그리기

나를 이루는 흔적들

불확실성 속에 계속 나아가기

고유한 색깔 찾기

나의 그림책, 나의 페이지들

지우기와 덧그리기

흔히 삶을 하얀 도화지에 비유하곤 한다. 우리는 매일 그 위에 점을 찍고, 선을 긋고, 면을 채워가며 자신만의 그림을 완성해 나간다.

내가 기억하는 나의 첫 도화지는 여섯 살 때였다. 아마 그전에도 도화지에 그림은 많이 그려봤을 것이다. 하지만 그날은 자유화라는 주제가 난감했던 기억에 그 하얀 도화지가 더 크고 생생한 이미지로 남아있는 듯하다. 무엇이든 그려도 된다고 했지만, 막상 무엇을 그려야 할지 몰라 당황스러웠다. 주변을 두리번거리기도 했고 하나둘 그림을 그려가는 친구들의 모습을 보며 조급해지기도 했다. 차라리 대상을 지정해줬으면 더 쉽게 그릴 수 있었을 것 같다. 선생님들은 내 그림을 곧잘 친구들에게 보여주며 칭찬해주셨기에, 그림에 소질이 없는 아이는 아니었던 것 같다.

나는 내가 무슨 그림을 그렸는지 기억한다. 과일 바구니였다. 꼭 병문안에 들고 갈 법한 커다란 과일 바구니였다. 아마 그 과일 바구니는 전에 잘 그렸다고 칭찬받았던 그림 중 하나였을 것이다. 어떤 친구들은 낙서에 가까운 그림을 그렸고 많은 친구들이 좋아하는 놀이나 즐거웠던 가족들과의 추억을 그렸던 것 같다. 하지만 내가 기억하는 나의 첫 자유화는 누군가가 나에게 칭찬해 주었던 그림을 똑같이 다시 그리는 것이었다.

그날, 선생님은 어떤 친구의 낙서 같은 그림을 보며 무척 흡족해하셨다. 나는 순간 배신감 같은 감정을 느꼈다. 그 이후로 자유화 시간에 과일 바구니 같은 그림을 그리는 것은 그만두었다.

지금 다시 그 도화지를 마주한다면, 나는 무엇을 그릴까? 지금은 뭐가 달라졌을까? 나는 남들이 맞다고, 좋다고, 잘한다고 하는 것만 따라가고 있었던 건 아닐까? 아마 나는 칭찬을 받았던 기억에 안주하며, 나만의 상상이나 감정을 자유롭게 표현하기보다 정답처럼 보이는 무언가를 좇고 있었는지도 모른다. 하지만 나의 속도는 좀 느린 감이 있어서 마흔 살이 넘고 누가 봐도 어른의 모습을 한 이쯤 되니 조금은 알 것 같기도 하다. 내가 무엇을 좋아하는지, 무엇을 싫어하는지, 그리고 무엇으로 삶을 채우고 싶은지. 때로는 잘못된 선을 그리기도 하고, 예상치 못한 얼룩이 남기도 했지만, 그 모든 것이 모여 지금의 나를 만들었고 앞으로도 그러하리라는 것도 안다.

삶의 도화지에 선을 긋는 일은, 결국 내면의 목소리를 듣고 그것을 드러내는 용기를 갖는 일과 다르지 않다. 나는 그림책 제작과 창작을 주제로 강의한다. 내가 만드는 그림책이 전 연령을 대상으로 하듯, 학생들의 연령대도 유치부부터 성인부까지 폭넓다. 하지만 공통된 것은 창작자 모두의 삶이 그들의 그림책 속에 반영되어 있다는 것이다. 등장인물을 만들어가는 과정에서 자신의 내면을 들여다보고, 스토리를 통해 자신의 경험과 감정을 담담하게 풀어낸다. 객관화된 시선으로 우리 스스로를 바라보고 이해하는 과정은 그것을 표현한 것 자체만으로도 괜찮아지는 마법을 부린다.

첫 작품일수록 창작 시간에 창작자들이 눈물을 보이는 일은 흔한 일이다. 이야기 속 주인공과 사건에 어떤 성격과 픽션을 부여했든 그것은 창작자 본인과 많이 닮아있기 때문이다. 분명 귀여운 강아지가 등장하는 밝은 그림책이지만 그 속에는 먼저 떠난 소중한 반려견을 그리는 마음이 있다. 가족의 즐거운 소풍 이야기이지만 어른이 되어서야 깨달은 부모님에 대한 감사가 담겨있다. 먹덧을 하는 배가 볼록한 어리숙한 임산부의 이야기이지만 그 속에는 뱃속의 아이에 대한 애틋함이 담겨있다. 그들의 마음이 고스란히 담겨있다. 때로는 감정을 직접 표현하지 못하더라도, 창작의 과정을 통해 우리는 마음속 깊은 층위를 자연스럽게 마주하게 된다.

그 작업은 단순히 이야기를 쓰는 것이 아니라, 나 자신과 대화하며 자신의 감정을 마주하는 시간이다. 그 속에서 얼마나 많은 사랑과 배움을 얻었는지를 깨닫고 스스로에게 던진 질문에 답을 찾는다. 창작의 과정과 삶은 나를 발견하는 여정이라는 의미에서 매우 닮아있다.

그림책의 창작의 실제로 들어가 도화지를 마주하며 배우는 것 중 하나가 '지우는 법'이다. 때론 지우는 것이 두려워 선을 긋지 못하고, 귀찮아서 덮어버리기도 한다. 하지만 지우기를 배워야 새로운 그림을 그릴 수 있다. 나는 우선 마음껏 그려보되, 너무 처음부터 진하게 그리지 말라고 조언한다. 일단 그려야 수정도 하는 것이고 연하게 그려야 필요 없는 선들을 쉽게 지울 수 있기 때문이다.

완벽한 그림을 그리고 싶어 하는 사람들은 작은 실수도 용납하지 못해 지우개를 자주 사용한다. 계속 지우고, 다시 지워 결국 수업 시간이 다 지날 때쯤 도화지에 남는 것은 지운 연필 자국뿐인 경우도 있다. 반면 "선생님 어차피 똑같은 것을 다시 진하게 그려야 하는데 왜 흐리게 그려요?"라고 묻는 아이들도 있다. 부럽다. 이런 질문을 하는 학생들은 대부분 어린아이다. 어른들은 실수에 민감하지만, 어린아이들은 처음부터 진한 크레파스로도 두려움 없이 그린다. 틀리면 그 위에 덧그리면 그만이다.

나도 아크릴 물감이나 오일 파스텔로 불투명하게 그림을 그리는 것을 좋아한다. 하지만 이것은 실수를 두려워하지 않는 것이 아니라 실수에 익숙해진 것이다. 실수하더라도 그 위에 덧그리면 지워지지는 않지만 완벽하게 가릴 수는 있다. 오히려 우연이 만들어낸 어떤 선이나 면을 좋아한다. 지워지지 않는 흔적 위에 새로운 선을 덧그리며 나만의 독특한 작품을 만들어갈 수 있다는 것을 안다. 가끔 내가 그린 덧그려진 그림을 보면서 남들이 보지 못하는 그림을 보는 재미도 있다. 이 그림이 덧그려지기 전에 처음 그려졌던 그림도 같이 본다.

내가 지나온 시간도 남들에게는 보이지 않지만, 나에게만 보이는 흔적들이 있다. 나의 선택들은 때로는 지우고 싶은 흔적을 남겼다. 너무 세게 그려 지울 수 없는 밑그림처럼 말이다. 하지만 그 흔적들 위에 새로운 선을 덧그리며 나는 조금씩 나만의 그림을 완성해간다. 지나온 흔적을 완전히 지울 수는 없지만, 그 위에 무엇을 덧그리는지에 따라 전혀 다른 풍경이 완성된다. 어떤 그림은 실수의 흔적이 있었기에 더 깊은 이야기를 품게 된다.

지우는 것은 곧 실수의 증거 같아서 선을 긋기조차 망설여지기도 한다. 하지만 지우기와 덧그리기를 반복하며 깨달았다. 실수는 더 나은 그림을 위한 과정이며 그 과정을 통해 나 스스로를 돌아보고 다독인다는 것을. 우리의 삶은 그렇게 완성되어간다.

　창작은 단순히 결과물을 만들어내는 행위가 아니다. 그것은 과거와 미래 그리고 현재의 나와의 대화이며, 자신의 내면에 귀를 기울이는 시간이다. 무엇이 나를 아프게 했는지 무엇이 나를 웃게 하는지 그리고 무엇이 나를 앞으로 나아가게 하는지 묻는 과정이다. 이러한 질문들에 답하며 삶의 도화지를 채워가는 과정은 곧 자기 돌봄의 과정이다.

　쉘 실버스타인의 『아낌없이 주는 나무』는 내게 이 과정을 다시 돌아보게 했다 나무는 한 소년에게 자신의 모든 것을 내어주었다. 사과를, 가지를, 몸통을, 그리고 마지막에는 그루터기까지. 소년에게 원하는 것을 줄 때마다 나무는 행복하다고 말했고, 나는 그러한 무조건적인 사랑과 헌신은 숭고한 것이라고 배웠다. 그루터기만 남은 나무의 모습에서 뭉클함을 느꼈고 난 그것이 이야기가 주는 감동일 것이라 생각했다. 하지만 그것은 묵직한 슬픔이었고 나무에 대한 안쓰러움이었다. 아무것도 남지 않은 그루터기가 된 나무의 모습은 자기 자신을 돌보지 못한 결과처럼 보였다.

　나무처럼 끝없이 주기만 하는 삶은 자기 돌봄의 관점에서 매우 건강하지 않은 삶이다. 나무가 보여준 무조건적인 헌신은 아름답지만, 동시에 불편한 질문을 남긴다.

'왜 나무는 한 번도 자신의 권리를 주장하지 않았을까?'
'왜 소년의 요구를 거절하지 않았을까?'

어쩌면 나무는 '지독한 평화주의자'였을지도 모른다. 갈등을 회피하고, 타인 중심적인 행복을 찾고, 자신을 보호하려는 의지도 부족했던 아주 지독한 평화주의자. 나무는 자신의 필요나 감정을 표현하기보다는 소년의 요구를 우선시했다. 평화주의자는 종종 관계를 유지하기 위해 자신의 희생을 감수하며 갈등을 회피한다. 나무는 소년이 행복해지는 모습을 보며 자신도 행복하다고 느꼈다. 자신을 보호하려는 의지조차 없었다. 가지를 잘라내고 몸통까지 베어내면서도 나무는 아무런 저항도 하지 않았다. 그러나 이러한 태도는 결국 자기 자신을 돌보지 못하게 만들었고, 자신이 고갈되는 결과를 낳았다. 진정한 자기 돌봄은 단지 휴식을 취하는 것을 넘어, 관계 안에서 나의 경계선을 그을 줄 아는 힘이기도 하다. 상대를 위하는 마음과 나를 지키는 마음은 서로 반대되는 것이 아니다. 둘은 함께 가야 한다. 나무가 아낌없이 주는 존재이기 전에, 스스로 건강하고 단단해야 그늘을 내어 줄 수 있다는 사실을, 나는 그림을 지우고 덧그리는 과정에서 깨달아가고 있다.

나는 나무에게 말해주고 싶다. 스스로에게 너무 많은 기대와 요구를 부여하지 않아도 된다고. 누군가에게 완벽한 무언가를 내놓지 않아도 괜찮다고. 네가 사랑하는 누군가를 얼마나 만족시켰는지가 아니라, 어떻게 사랑했는지가 더 중요하다고 말이다. 그 사랑이 풍성한 가지가 되고 열매가 되어 초라한 그루터기가 아닌 언제든지 편하게 쉬었다 갈 수 있는 넓은 그늘을 만들어 줄 수 있는 것이라고.

우리는 이야기 속 나무처럼 스스로에게 너무 많은 기대와 요구를 부여하며 완벽한 결과물을 내놓으려 애쓴다. 그러나 중요한 것은 완벽함이 아니라 과정이다. 완벽한 그림을 그리려 애쓰는 것이 아니라, 지우고 덧그리는 과정을 받아들이며 자신의 불완전함 속에서 아름다움을 발견하는 것이다. 그렇게 나는 오늘도 내 삶의 도화지 위에 잘못된 선을 지우고 새로운 선을 덧그리며, 조금씩 나아가는 연습을 한다. 완벽하지 않아도 괜찮다고, 때로는 실수해도 된다고 스스로에게 말하면서 말이다. 삶은 잘 그려진 한 장의 그림이 아니라, 덧그리고 지우며 계속해서 만들어 가는 연작이니까.

나를 이루는 흔적들

　나의 지금 모습은 삶의 궤적과 같다. 현재의 나는 과거의 선택과 경험이 만들어낸 결과다. 나는 흔적에 대해 이야기할 때 나무를 비유로 든다.
　나의 첫 번째 전시회의 제목이 바로 '흔적'이었다. 다양한 흔적을 담은 나무들을 십자수 실로 바느질하여 연결한 작품이었다. 나의 모든 흔적들은 서로 연결되어 있으며 그것이 모여 지금의 나를 이루고 있다는 의미를 담은 것이다. 특히 나무의 무늬 중 빠지지 않는 것은 옹이다.
　나무의 옹이는 나무의 성장 과정에서 생긴 상처나 흔적을 나타낸다. 나무가 성장하는 동안 가지가 햇빛을 더 많이 받으려고 위로 자라지만, 아래쪽 가지들은 점차 햇빛을 못 받아 죽게 된다. 이 죽은 가지들이 나무 줄기에 남은 자국이 바로 옹이이다. 시간이 지나면서 나무는 이 죽은 가지를 감싸며 성장하고, 그 결과 옹이가 형성되어 나무에 고스란히 남는다. 옹이는 죽은 가지이고 상처이지만 나무의 가장 단단한 부위이고 때로는 독특한 무늬를 만들어내기도 한다. 결국 상처의 자리가 가장 단단한 지점이 되어 우리를 지탱해 주기도 한다.

나의 '흔적'이라는 전시 작품은 이러한 의미를 담아, 나무의 결 속에 은유적인 흔적들을 표현했다. 뿌리에서부터 가지를 향해 힘차게 헤엄쳐 오르는 물고기들, 하늘을 향해 거대한 뿔을 뻗어가는 수사슴, 설레는 마음으로 신었을 소녀의 첫 하이힐, 무언가를 지키려는 듯 단호한 표정의 장승 얼굴 등. 이 모든 이미지들을 나무의 무늬 속에 옹이와 함께 자연스럽게 표현하였다.

그중에서도 가장 기억에 남는 것은 뱀을 품고 있는 나무의 모습이었다. 이 작품은 누구나 마음속에 뱀 같은 본능이나 욕망을 숨기고 있다는 해석으로 볼 수도 있지만, 사실 그 작품은 이솝우화를 모티브로 한 것이었다.

이솝 우화 중 『농부와 뱀』이라는 이야기가 있다. 어느 추운 겨울날, 한 농부가 길을 걷다가 꽁꽁 얼어붙어 죽어가는 뱀 한 마리를 발견했다. 농부는 불쌍한 마음에 뱀을 품고 자신의 온기를 나누어 주었다. 그러나 몸이 녹아 정신을 차린 뱀은 곧바로 본성을 드러내며 자신을 구해준 농부를 물었다. 독이 퍼져가며 죽어가는 농부는 후회하며 말했다.

"나는 악한 자를 동정했으니, 마땅히 이런 벌을 받는구나."

『농부와 뱀』은 신뢰와 경계 설정의 중요성을 잘 보여준다. 농부는 자신의 선의를 따라 행동했지만, 상대방의 본성을 제대로 보지 못했다. 결국 그는 자신에게 해로운 관계를 만들었고, 그 대가는 치명적이었다.

이 이야기는 우리에게 타인과 관계를 맺을 때 신중하게 판단하고 적절한 경계를 설정하는 것이 얼마나 중요한지를 일깨워준다. 선의를 베푸는 일도 중요하지만, 나를 지키는 일 또한 그 못지않게 중요하다는 사실을 말이다.

나의 작품 '뱀을 품고 있는 나무'는 악한 본성을 보지 못한 미련한 동정이나 친절에 대한 상처가 옹이로 남은 모습을 상징한다. 나에게도 선의를 베풀었지만 돌아온 것은 배신과 상처였던 경험들이 있다.

나는 2013년부터 그림책 교육 연구소 겸 출판사를 운영하고 있다. 그리고 언제든지 찾아오는 손님들을 반갑게 맞이한다. 그중 유난히 도움을 요청하는 사람이 있었다. 딱히 소속 없이 개인적으로 영유아 대상 가정방문 수업을 하던 사람이었는데 자신의 경제적인 부분이나 전문성의 부족에 대한 어려움을 토로했다. 그러면서 그림책 작가 교실 수업을 할 수 있도록 도와 달라는 요청을 지속적으로 해왔다. 나는 그림책 창작 강의하는 방법을 알려 주고, 초등학교나 도서관 수업에서도 그림책 작가 교실을 열 수 있도록 도왔다. 대여비 없이 공간도 내주었다.

그러나 나는 너무 많은 것을 베풀었던 걸까? 결국 대표자 명의를 도용하는 일까지 생기고 말았다. 어떻게 이런 일이 생길 때까지 배려하고 신뢰했을까? 왜 도움을 받은 사람은 나를 헤치지 않을 것이라 믿었을까? 결국 내가 만든 것은 나에게 무척 해로운 관계였다.

삶에서 우리는 타인과 관계를 맺으며 살아간다. 그러나 관계 속에서 적절한 경계를 설정하지 않으면 자신을 잃어버릴 위험이 있다. 신뢰와 배려는 관계를 유지하는 데 필수적이지만, 그것만으로 충분하지 않다.

얼어붙은 뱀을 껴안았던 경험은 내게 깊은 흔적으로 남았다. 처음에는 그 상처가 너무 아프고 나의 미련함이 부끄러워 잊고 싶었다. 하지만 시간이 지나면서 나는 깨달았다. 이런 경험들 또한 나를 이루는 흔적이며, 나를 더욱 단단하게 만드는 과정이라는 것을 말이다. 마치 나무가 죽은 가지를 감싸안아 단단한 옹이를 만들어내듯, 나도 이 상처를 받아들이고 성장해야 했다. 그 옹이는 다시는 같은 실수를 반복하지 않게 하는 나만의 기억표시이자 이정표가 되었다.

나무에게는 옹이와 달리 나이테처럼 꼭꼭 숨겨진 흔적들도 있다. 나무의 나이테는 계절에 따른 생장 속도의 차이로 인해 형성된다. 봄과 여름에는 나무가 빠르게 자라며 밝고 넓은 층이 만들어지고, 가을과 겨울에는 성장이 느려지면서 어둡고 좁은 층이 형성된다고 한다. 이 두 층이 반복되며 나무의 생장 기록을 보여준다. 이를 통해 나무의 나이뿐만 아니라 당시의 환경 조건, 예를 들어 기후나 가뭄 같은 자연 현상도 추적할 수 있는 중요한 단서가 된다고 한다.

우리에게도 나이테와 같은 흔적들이 새겨진다. 사람의 얼굴이야말로 나이테처럼 삶의 흔적을 담고 있다. 우리는 흔히 마흔 살이 넘어가면 자신의 얼굴에 책임을 져야 한다는 말을 많이 듣게 된다. 사람의 얼굴에는 인생관, 사고방식 등이 깊숙이 새겨지고 그것이 시간이 지나갈수록 더욱 뚜렷이 나타나기 때문이다. 얼굴의 주름 하나하나, 미소의 깊이, 시선의 온도마저도 살아온 세월을 반영한다. 인생의 선택과 경험이 쌓여 표정과 분위기에 자연스럽게 묻어나며, 이는 타인에게도 전달된다. 살아온 방식이 얼굴에 고스란히 드러나는 것이니 이는 숨긴다고 해서 감출 수 있는 것이 아니다. 그러니 당장은 보이지 않는 것처럼 느껴지는 꼭꼭 숨겨진 흔적이라도 결국 그것은 나의 일부이다. 결국, 어떤 얼굴을 가지게 될지는 자신의 선택과 삶의 태도에 달려 있다.

물론 모든 흔적이 아름답기만 한 것은 아니다. 나에게도 지우려 해도 지워지지 않아 애써 덮어씌운 실수들이 있다. 하지만 이런 의도되지 않은 예상치 못한 흔적들일지라도 아름다운 무늬로 남을 수 있다.

예술의 창작 과정은 의도와 계획으로 가득 차 있지만, 때로는 그 모든 것을 넘어서는 우연적인 요소들이 작품을 만들어내기도 한다. 이러한 우연의 기법은 예술가가 전통적인 기술이나 규칙을 벗어나 의도하지 않은 방식으로 창작을 이어가는 방식이다.

구체적인 예로, 잭슨 폴록의 드립 페인팅은 현대 미술에서 가장 잘 알려진 우연의 기법 중 하나이다. 폴록은 캔버스를 바닥에 눕혀 놓고 그 위에서 물감을 흘리고 뿌리는 방식으로 작업했다. 그는 우연히 물감통을 쏟은 사고에서 영감을 받아 이 기법을 발전시켰다고 한다. 이 과정에서 중력과 물감의 흐름이 만들어내는 예측할 수 없는 패턴이 작품의 핵심이 되었다. 폴록의 '넘버 5'나 '가을의 리듬' 같은 작품들은 이러한 우연의 기법을 통해 탄생한 대표적인 예이다.

또 다른 예로 파블로 피카소의 '게르니카'도 우연의 요소가 담긴 작품이다. 피카소는 스페인 내전 중 게르니카 마을의 폭격 소식을 듣고 격분하여 작품을 시작했지만, 초기 스케치와 최종 작품 사이에는 많은 즉흥적 변화가 있었다. 작업 과정에서 우연히 발견한 형태와 구도가 작품의 강렬한 메시지를 더욱 효과적으로 전달하게 되었다.

이러한 우연의 기법들은 예술가가 완벽하게 통제할 수 없는 요소들이 만들어내는 예측 불가능한 아름다움을 작품에 담아낸다. 이 과정에서 예술은 우연과의 만남을 통해 새로운 의미를 찾고, 예기치 않은 아름다움이나 독특한 표현을 드러낸다. 우연의 기법이 주는 강력한 매력은, 예술이 단순히 의도적인 기획이나 제어의 결과물만이 아니라, 예기치 않게 펼쳐진 사건들이 만들어내는 미학을 품고 있다는 것이다.

우연의 기법은 단순히 '실수'나 '오차'를 작품에 담는 것이 아니다. 오히려 그것은 의도하지 않은 곳으로의 확장이며 작품이 살아나도록 하는 방법이다. 우연적 기법을 통해 예술가는 자신의 통제를 넘어서는 영역에 발을 들여놓으며, 그 안에서 새로운 가능성과 미학을 발견한다. 결국 그 속에서 우연히 펼쳐지는 순간들이 우리에게 무엇인가를 전해주기 때문에 더욱 매력적이고 신비로운 것이다. 비록 우리가 의도한 결과는 아닐지라도 어떤 우연이 우리를 새로운 방향으로 인도할지 설레는 것 또한 우리의 누릴 수 있는 일상의 미학이 아닐까? 우연한 선과 면으로 가득 채워진 예술가의 도화지처럼, 우리의 삶도 예측할 수 없는 가능성으로 가득하다.

  이 모든 나의 흔적들이 연결되어 지금의 나를 이루었다. 이러한 나를 돌본다는 것은 죽은 나뭇가지를 감싸고 성장하여 단단하고 독특한 무늬를 만들어내는 것, 바로 나를 이루는 흔적들을 받아들이는 것이다. 또한 자신의 선택과 삶의 태도에 책임감을 갖는 것이야말로 진정한 성장의 시작이다.

불확실성 속에 계속 나아가기

삶은 종종 예상치 못한 방향으로 흘러가며, 우리는 그 속에서 혼란과 불확실성을 마주한다. 내가 도움을 주었던 사람에게 도용당한 사건은 그 당시 나에게 큰 숙제를 내주었다. 나의 신뢰를 저버리고 자신만의 이익을 위해 나를 이용했던 사람. 그 경험으로 혼란스러웠고, 인간관계와 가치관을 의심하게 되었다. 하지만 나는 계속 나아가야 했다.

탈무드에는 '문을 잠그지 않은 집과 도둑'이라는 이야기가 있다. 어느 날 한 사람이 자신의 집에 도둑이 들었다는 사실을 알고 분노했다. 그는 도둑을 비난하며 말했다.

"이 도둑은 정말 나쁜 사람이다! 내 물건들을 훔쳐 가다니!"

그러나 그의 이웃은 이렇게 말했다.

"물론 도둑질은 나쁜 행동이다. 하지만 너도 문을 잠그지 않은 책임이 있지 않겠느냐? 문을 열어둔 것은 도둑에게 기회를 준 것이나 다름없다."

이 이야기는 내가 겪은 일과 매우 닮아있어 내게 따가운 일침을 주었다. 당시 나는 내 주변 사람들에게 지나치게 많은 신뢰를 주고, 경계를 설정하지 못한 채 모든 것을 열어두고 있었다. 나는 타인을 돕는 것이 옳은 일이라고 믿었고, 그 과정에서 나 자신을 돌보는 일은 뒷전으로 미뤘다. 그러나 결국 내가 믿었던 사람이 그 신뢰를 배신했고, 나는 큰 상처를 받았다.

나는 탈무드 이야기 속 '문을 잠그지 않은 집'이 바로 나 자신이라는 것을 깨달았다. 물론 타인의 잘못은 그들이 책임져야 할 일이지만, 내가 자신을 보호하지 못한 것도 문제였다. 나는 관계 속에서 적절한 경계를 설정하지 못했고, 그로 인해 내 마음의 문이 무방비 상태로 열려 있었다.

이야기 속 이웃처럼 실제로 나에게 잘못이 있다고 말하는 사람들이 있었다. 문을 열어 둔 내가 바보 같은 것이고 도둑은 기회가 보이니 잡은 것이라고 말하는 사람들도 있었다. 열어둔 문을 기회로 보는 나도 '문을 잠그지 않은 집'을 '도둑질'의 기회로 보는 그들처럼 살아야 하는가 하는 생각에 혼란스러웠다. 나의 인간으로서의 정체성과 도덕적 가치관을 의심하는 시간이 길어질수록 혼란과 불확실성을 마주하는 시간이 길어졌다. 그러나 여기서 중요한 것은 도둑의 행동이 결코 정당화될 수 없다는 점이다.

인생에 정답이라는 것은 없다지만 옳고 그름은 존재한다. 내가 그 사람에게 더욱 냉정하지 못했던 이유 중 하나는 바로 그 사람의 딸이다. 그 아이는 과거 내가 지도했던 학생 중 한 명이었다. 나는 종종 생각한다. 그 사람의 딸은 엄마의 행동을 지켜보며 무엇을 느꼈을까? 엄마가 보여준 행동이 아이에게 어떤 영향을 미쳤을까?

탈무드의 또 다른 이야기인 '도둑과 아버지의 교훈'이 떠오른다. 이 이야기에서 한 소년은 아버지와 함께 과일 가게에서 과일을 훔쳤다. 소년은 자신의 행동이 잘못되었다는 것을 알았지만, 아버지가 아무 말도 하지 않고 오히려 칭찬하듯 웃는 모습을 보고 혼란스러웠다. 시간이 지나면서 소년은 도둑질을 반복했고, 점점 더 큰 물건들을 훔치기 시작했다. 소년이 자라 어른이 되었을 때, 그는 결국 도둑으로 잡혀 재판을 받게 되었다. 법정에서 그는 이렇게 말했다.

"내가 이렇게 된 것은 내 아버지 때문입니다. 내가 처음 과일을 훔쳤을 때, 그는 나를 꾸짖지 않았고 오히려 그것을 당연하게 여겼습니다. 그때부터 나는 도둑질이 나쁜 행동이라고 생각하지 않게 되었습니다."

이 이야기에서는 올바른 가치관과 윤리가 얼마나 중요한지를 보여준다. 잘못된 행동은 자신의 선택뿐만 아니라 주변 환경과 교육에도 영향을 받는다. 나는 '문을 잠그지 않은 집과 도둑' 이야기를 통해 내 책임을 돌아보았지만, 동시에 '도둑과 아버지의 교훈' 이야기를 통해 도둑의 행동 자체가 잘못된 것이라는 점도 명확히 할 수 있었다.

내가 타인을 돕고자 했던 마음 자체는 결코 잘못된 것이 아니다. 그것은 내가 가진 가지와 열매와 같은 것이다. 그러나 이 경험은 내게 중요한 교훈을 남겼다. 가지를 뻗어 타인을 돕더라도 그 뿌리는 단단히 지켜야 한다는 것이다. 나는 여전히 불확실성 속에서 살아간다. 그러나 이제는 조금 더 단단해진 마음으로 앞으로 나아간다.

'일단 그려!' 내가 창작 수업에서 학생들에게 자주 하는 말이다. 망설이는 학생들에게 무엇이든 일단 표현하라고 격려한다. 사람의 표현 방식은 크게 세 가지로 나뉜다. '말로 표현하기, 글로 표현하기, 그림으로 표현하기.' 그중 어떤 방법이든 자신에게 맞는 방식으로 드러내는 것이 중요하다. 도화지를 앞에 두고 무엇을 그릴지 고민된다면, 방법은 하나다. 일단 그려야 한다. 그래야 수정을 하든, 덧그리든, 다음 단계로 나아갈 수 있다. 불확실한 상황에서도 한 가지 분명한 것은, 계속해서 앞으로 나아가야 한다는 점이다.

피터 레이놀즈의 그림책 『점』에는 자신이 그림을 못 그린다고 생각하는 주인공 베티가 등장한다. 베티는 그림을 그리라는 말에 주저하지만, 선생님의 격려로 흰 도화지에 작은 점 하나를 찍는다. 선생님은 그 점을 칭찬하며 베티가 자신의 작품에 자부심을 가질 수 있도록 돕는다. 이후 베티는 그 점을 크고 작게, 다양한 색으로 변형하며 창작의 즐거움을 발견하고 자신만의 표현 방식을 넓혀간다. 이 과정에서 베티는 자신감을 얻고, 마침내 또 다른 친구에게 용기를 주는 역할까지 하게 된다. 이 책은 작은 시작이 점차 확장되며 창작과 성장이 이루어지는 과정을 감동적으로 보여준다.

용기 내어 찍은 점 하나가 선이 되고, 면이 되며, 점차 나만의 그림으로 확장되어 가는 것처럼, 자기 돌봄이란 모든 답을 알고 움직이는 것이 아니라, 답을 모른 채로도 한 발짝씩 걸어가는 용기에서 비롯된다.

고유한 색깔 찾기

하이데거는 『존재와 시간』에서 '존재의 진정성'과 '비진정성'이라는 개념을 통해 인간 존재가 어떻게 살아가는지를 설명한다. 진정성은 자신의 삶과 선택을 스스로 이해하고 책임지는 태도를 말하며, 비진정성은 타인의 기대나 사회적 규범에 휩쓸려 자신의 본질을 잃어버리는 상태를 뜻한다. 나만의 색깔을 찾는다는 것은 곧 진정성을 회복하는 과정이다.

하이데거가 말한 '진정성'은 창작 과정에서도 중요한 가치이다. 다른 작가들의 스타일을 모방하거나 유행을 좇는 것이 아니라, 내 안의 목소리에 귀 기울이고 그것을 표현하는 용기를 갖는 것이 진정한 창작이다. 하이데거는 우리가 일상에서 쉽게 '세상 사람들'의 방식을 따라가며 자신의 고유한 존재 방식을 잃어버린다고 말했다. 창작에서도 마찬가지다. 인기 있는 스타일을 따라가거나 시장의 요구에 맞추려는 유혹이 항상 존재한다. 그림책 작업을 할 때 나는 스스로에게 묻는다. '이것은 정말 내가 하고 싶은 이야기인가? 이 그림은 정말 내 마음에서 우러나온 것인가?' 이러한 질문들은 비록 서툴고 완벽하지 않더라도 진정한 나의 표현을 찾아가게 한다.

    창작에서의 재료 탐색 시간은 자신에게 맞는 재료를 찾는 과정이다. 다양한 재료를 직접 만져보고 사용해보면서 어떤 도구와 재료가 나의 표현 방식과 잘 맞는지 실험하는 것이 중요하다. 연필, 색연필, 수채화, 아크릴, 콜라주, 크레파스, 마카 등 여러 가지 재료와 기법을 시도하며 나만의 감각을 길러갈 수 있다. 어떤 재료를 사용하느냐에 따라 그림의 분위기와 느낌이 달라지므로, 실험을 거듭하면서 자신에게 가장 편안하고 만족스러운 표현 방식을 찾아가는 과정이 필요하다. 이렇게 다양한 재료를 접하고 탐색하다 보면 점차 나만의 색깔을 찾을 수 있는 단서를 발견하게 된다.

    나의 그림체를 찾는 것도 중요하다. 나의 그림체를 찾기 위해서는 여러 가지 작품을 모사해 보는 것이 좋다. 그러다 보면 내가 감상하기에 좋은 그림체와 내가 그리기 좋은 그림체가 다를 수 있다는 것도 안다. 그러나 중요한 것은, 남의 그림을 모사하는 데 머무는 것이 아니라, 그것을 바탕으로 나만의 스타일과 색깔을 찾아가는 것이다. 모사를 통해 얻은 기술과 감각은 내 고유한 표현 방식을 형성하는 밑거름이 된다. 결국, 그림체를 찾는 과정은 남의 흔적을 따라가는 것이 아니라, 그 흔적 속에서 나만의 길을 발견하는 것이다.

이러한 과정을 통해 나의 고유한 색깔을 찾다 보면 비로소 내 그림은 생명을 얻는다. 각자의 스케치북에는 고유한 색깔이 있다. 그리고 그 색깔을 찾기 위해서는 다양한 경험과 실패를 한다. 그러한 이유로 고유의 색깔을 찾는 것은 시간이 꽤 오래 걸릴 수도 있다. 특히 나 같은 느림보에게는 그 과정이 한 걸음 한 걸음이 아기 걸음마와 같아 꽤나 느리다.

이 '느림'에는 특별한 가치가 있다. 우리 사회는 빠른 성과와 즉각적인 결과를 요구한다. SNS에서는 매일같이 누군가의 화려한 성취가 올라오고, 우리는 그것과 자신을 비교하며 조바심을 느낀다. 하지만 진정한 창작과 자기 발견은 서두를 수 없는 과정이다. 마치 좋은 와인이 시간을 들여 숙성되듯, 나만의 색깔도 시간과 경험을 통해 천천히 발효되는 것이다. 느리게 가는 것은 실패가 아니라 깊이를 더하는 과정이다. 하이데거가 말했듯, 진정성은 '세상 사람들'의 속도가 아닌, 자신만의 시간성 안에서 발견된다.

앞에서 말하였듯이 그림책 창작의 과정과 삶은 나를 발견하는 여정이라는 점에서 매우 닮았다. 나아가 그림책은 창작자뿐만 아니라 독자에게도 자신을 들여다보는 경험을 선사한다. 하지만 그 효과가 즉각적으로 나타나지는 않는다. 그림책은 우리를 낯선 세계로 이끌어, 나와 전혀 다른 상황에 놓인 인물에게 감정이입하게 만든다. 우리는 평소 스스로의 내면을 깊이 들여다보지 않고 살아간다. 하지만 그림책을 통해 내 마음속에서 일어나는 일들, 내가 겪었거나 언젠가 겪을 수 있는 일들, 그리고 그와 비슷한 경험을 한 수많은 이들의 이야기를 만난다.

이 과정에서 우리는 비로소 자기 자신을 이해하게 된다. 이전까지 언어로 표현하지 못했던 감정에 이름을 붙이고, 그 감정을 더 깊이 바라볼 수 있게 된다. 자신을 들여다보면 알게 된다.

'아, 나에게 이런 두려움이 있구나.'

'나는 이런 것에 슬픔을 느끼는구나.'

'나를 움직이게 하는 힘은 이것이구나.'

자신을 잘 아는 사람은 진정으로 강한 사람이다. 그림책을 통해 우리는 타인의 이야기를 따라가며 결국 자기 자신에게로 돌아온다. 그 여정이 비록 더디고 느릴지라도, 그 과정에서 우리는 조금씩 자신의 색을 찾아가고, 진정한 자기 돌봄을 배워나간다.

나는 한 걸음 한걸음 나의 색깔을 찾아가는 느림보이다. 하지만 자책하고 조바심 낼 필요는 없다. 그 오랜 과정은 자연스러운 일이고 아주 서서히 그 색을 드러내기 때문이다. '조바심'이란 다른 사람과 비교하며 기준을 타인의 기대와 속도에 맞추었을 때 찾아온다. 이는 자신에게 충실하지 못한 결과를 가지고 온다. 남들과 비교하는 대신, 내가 좋아하는 것을 탐구하기 시작했을 때 비로소 나만의 색깔을 발견할 수 있다.

어쩌면 조금은 촌스러운 과거를 들여다보는 것도 잊고 지냈던 시간 속에서 다시금 나를 만나는 과정일 것이다. 내가 한때 좋아했던 것, 열정을 쏟았던 것, 그리고 실패했던 순간들, 촌스럽고 어리숙했지만 지워야 한다는 두려움이 없던 그 시절의 흔적들은 사실 가장 진솔한 나의 모습일지도 모른다. 그렇게 어린 나와 지금의 내가 조우하며 진정한 나의 색을 발견하게 된다.

마치 나무가 셀 수 없는 계절을 지나며 나이테를 하나씩 쌓아가듯, 우리는 시간이 지나면서 조금씩 자신만의 색깔을 발견하게 된다. 나만의 색을 찾는 것은 비단 그림에만 국한된 일이 아니다. 음악을 듣거나 글을 쓰는 것, 혹은 특정한 공간에서 머무는 순간들 속에서도 우리는 우리 자신을 발견할 수 있다. 외부의 소음에서 벗어나 오롯이 나 자신에게 집중할 수 있다.

나는 나의 작은 작업실이라는 공간에서 진정성을 회복한다. 작업실은 나에게 안전 지대와 같은 곳이었다. 겹겹이 둘러 만든 우산 속, 의자를 돌려막은 책상 아래, 두꺼운 겨울 이불을 넣어두던 이불장, 무릎을 잔뜩 웅크리고 끼이듯 들어가던 욕조 안이 그랬다. 캠핑을 좋아했던 이유도 천장이 낮은 아늑한 텐트가 주는 안정감 때문이었던 것 같다. 책상 의자 두 개의 등을 맞대고 이불을 덮어 작은 텐트를 만들기도 하였다. 나는 나만의 작은 안전 지대를 좋아했고, 어른이 된 나에게 작업실은 나에게 온전히 집중할 수 있는 안전지대였다.

하지만 언제부터인가 작가의 일보다는 교육연구소 일에 집중하게 되면서 작업실은 교육원이 되었다. 심리적 안정감을 얻을 수 있는 공간에서 업무 공간이 되었고 나를 돌보는 공간에서 다른 이들을 돌보는 공간이 되었다. 쉽지 않은 결심이기 때문에 미뤄왔을지도 모른다. 하지만 나는 나를 돌보는 시간을 갖기로 결정했다. 나의 안전 지대를 다시 세우려 한다. 그곳에서 그동안 우선순위에서 밀린 먼지 쌓인 작업을 꺼내 하나하나 완성해 가려 한다.

사실 처음부터 모든 것은 한가지 질문을 하고 있었는지도 모른다. '너는 무엇을 좋아하니?' 이 질문은 단순히 취향이나 선호를 묻는 것이 아니다. 그것은 내가 누구인지, 무엇으로 내 삶을 채우고 싶은지를 묻는 근본적인 질문이다. 내 삶의 도화지 위에 어떤 색으로 채울지는 오직 나만이 결정할 수 있다. 그리고 그 색깔은 단순히 아름다운 것이 아니라, 내 삶의 흔적과 경험들이 녹아든 독특한 무늬로 이루어진 것이다. 우리는 남들과 비교하며 자신의 색깔을 잃어버리기도 한다. 그러나 자기 돌봄이란 다른 사람들의 색깔과 비교하지 않고, 나만의 색깔을 찾고 그것을 사랑하는 것이다.

나의 그림책, 나의 페이지들

나는 사노 요코, 요시타 신스케, 모니카 페트의 작품처럼 일상 속의 작은 철학적 요소가 담긴 여운이 있는 이야기를 좋아한다. 사노 요코의 담담하면서도 깊은 통찰이 담긴 이야기, 요시타 신스케의 유머와 철학이 공존하는 작품들, 모니카 페트의 일상 속 소소한 순간들을 포착하는 섬세함은 모두 내가 그림책 작가로서 추구하는 가치와 맞닿아 있다. 이들은 화려한 기교보다는 진정성 있는 이야기로 독자의 마음을 움직인다. 나 역시 내 삶의 그림책을 그려나가는 과정에서 이러한 진정성을 가장 중요한 가치로 삼고 싶다.

그중에서도 사노 요코의 그림책 『100만 번 산 고양이』를 좋아한다. 주인공인 고양이는 100만 번이나 죽고 다시 태어난 특별한 고양이이다. 여러 주인을 섬기며 다양한 삶을 살아왔지만, 단 한 번도 자신을 진정으로 사랑하거나 자신의 삶에 대해 깊이 생각해본 적이 없었다. 고양이가 거쳐 간 주인들은 모두 그를 사랑하였고 고양이의 죽음에 몹시 슬퍼했다. 하지만 고양이는 그들에게 어떤 애정도 느끼지 않았고, 자신이 100만 번이나 죽었다는 사실에 대해서도 아무런 감정도 느끼지 않았다. 단지 자신이 멋지고 특별한 고양이라는 사실에 만족하며 살아간다. 그러다 그는 처음으로 주인 없는 고양이가 되고 한 암고양이를 만나 함께 살아가게 된다. 시간이 흘러 암고양이가 죽게 되자, 고양이는 깊은 슬픔에 빠진다. 그는 암고양이 곁에서 조용히 생을 마감하며 더는 다시 태어나지 않았다.

수도 없이 읽었지만, 아직도 그림책을 읽을 때 눈물이 고인다. 사랑하는 짝을 잃은 고양이가 오열하는 장면이 참 절절하다. '그러고는 두 번 다시 되살아나지 않았습니다.'라는 한 페이지를 가득 채운 마지막 한 문장이 찡하다. 왜 그럴까? 사노 요코의 아무렇지 않은 담담한 문체 때문일까? 단순한 듯하지만 섬세하게 전달하는 그림체 때문일까? 확실한 건 누구에게나 자신하고 상호작용을 일으키는 이야기가 있다는 것이다. 꼭 그림책이 아니어도 좋다. 동화, 소설, 에세이, 드라마, 영화 등 어떤 장르든, 개인과 특별한 상호작용을 일으킨 작품은 그 개인에게 좋은 작품이다.

나에게 『100만 번 산 고양이』가 좋은 작품인 이유는 단순히 슬픔을 불러일으키기 때문만은 아니다. 사랑하는 이를 잃은 경험 때문도 아니다. 무수한 생을 반복하던 고양이가 두 번 다시 태어나지 않는다는 것은, 그의 마지막 삶이야말로 가장 충만하고 완전했음을 의미한다.

내가 느낀 것은 다시 태어나지 않은 고양이에 대한 슬픔이 아니다. 그것은 100만 번의 죽음 속에서 처음으로 형용할 수 없는 깊은 상실감을 느꼈을 고양이에 대한 연민이었다. 그리고 마침내 충만한 삶을 찾은 고양이에 대한 감동이었다. 또한 이것은 우리가 살면서 마주하게 되는 '나는 누구인가?'라는 질문의 답을 찾은 듯한 고양이에 느끼는 감동일 것이다.

그렇다면 내가 흰 도화지에 내 삶을 채우고 있고, 그 페이지들이 모여 나의 그림책이 만들어진다면 어떨까? 과연 내가 그 그림책을 사랑할 수 있을까? 내 삶의 이야기가 나에게 좋은 작품이 될 수 있을까?

나는 가치 있는 삶을 동경한다. 그것은 화려하거나 특별하지 않아도 괜찮다. 중요한 것은 내가 진심으로 살아냈다고 느낄 수 있는 삶이다. 『100만 번 산 고양이』에서 마지막 삶을 살아낸 고양이가 다시 태어나지 않았던 이유가 그의 마지막 삶이야말로 가장 충만했기 때문이듯 나는 그런 충만함과 진정성을 가진 삶을 꿈꾼다.

가치 있는 삶을 위한 첫걸음은 자기 자신에 대한 존중과 사랑에서 시작한다. 내가 그림책 창작을 가르치며 항상 강조하는 것도 바로 이것이다. 자신의 소소한 경험과 감정의 소중함을 알고, 그것을 그리고, 쓰고, 나누는 과정에서 우리는 자신을 존중하는 법을 배운다. 작은 성취의 경험들이 모여 자존감을 높이고, 이는 다시 더 큰 도전으로 이어진다. 이것이 내가 사람들에게 전하고 싶은 메시지이며, 동시에 나 자신에게도 매일 되새기는 철학이다.

나는 내 삶이 나에게 좋은 작품이 되기를 희망한다. 무언가를 놓쳤다고 아쉬워하지 않고, 무언가를 좇느라 조급해하지 않는 나였으면 좋겠다. 어쩌면 지금 이 순간이 가장 찬란한 페이지일지도 모른다는 것을 기억했으면 좋겠다. 잘하고 있다고 지금도 충분히 빛나고 있는 자신을 소중하게 생각하라고 말해주고 싶다.

창작은 자기 돌봄의 과정과 같다. 우리는 매일 도화지 위에 점을 찍고 선을 긋고 면을 채우며 자신만의 그림을 완성해 나간다. 그렇게 그 페이지들이 모여 나의 그림책을 완성해 나간다.

내가 살아온 흔적과 경험들이 녹아든 이야기는 그 자체로 가치 있다. 자기 돌봄은 내 삶이라는 그림책에 진정성을 더하고, 그것이 내가 가장 좋아하는 작품으로 남도록 돕는다. 나를 돌본다는 것은 새로운 페이지를 채워가며 나의 이야기를 써 내려가는 것, 그리고 그것이 내가 가장 좋아하는 작품이 되도록 노력하는 것이다.

삶이라는 도화지는 때로는 얼룩지고 지워지기도 하지만, 그 모든 흔적들이 모여 하나의 독특하고 아름다운 작품으로 완성된다. 완벽하지 않은 선과 색감, 예상치 못한 얼룩까지도 내 이야기의 일부가 된다. 그것이 바로 삶의 아름다움이다.

나는 이 여정에서 배운 것들을 통해 더 나은 페이지를 만들어가려 한다. 지우기와 덧그리기, 나를 이루는 흔적들, 불확실성 속에서도 계속 나아가기, 그리고 나만의 고유한 색깔 찾기. 이 모든 과정이 모여 나의 페이지가 되고 그렇게 나의 그림책을 완성해간다.

나는 이야기의 힘을 믿는다. 이야기는 우리를 연결하고, 위로하고, 때로는 변화시킨다. 내 삶의 이야기도 마찬가지다. 그것은 완벽하지 않지만, 진실되고 고유하다. 나는 그 이야기를 사랑하고, 존중하며, 계속해서 써내려가고 싶다.

나는 나의 이야기를 응원한다. 그리고 어딘가에서 하얗고 커다란 도화지를 마주하고 있을 당신을 응원한다. 당신의 이야기는 이미 아주 아름답다고. 당신만의 색깔로 채워진 페이지들이 세상 어디에도 없는 특별한 작품임을 믿으라고. 실수해도 좋다. 흔적이 남아도 괜찮다. 지금 이 순간, 당신만의 색으로, 당신만의 선으로, 주저하지 말고 세상에 단 한 권뿐인 당신의 그림책을 완성하기를 응원한다.

조수진

N잡 시대를 살아가는 팔색조 활동가.
한국어 교육자, 공인중개사, 작가 등
다양한 삶의 경계를 넘나들며
자신만의 길을 주체적으로 그려나가고 있다.
현재는 불안을 에너지로 바꾸며 살아온 여정을
글로 남기고, 다채로운 삶의 흔적을 기록하며
자신만의 이야기를 이어가는 중이다.
공저 『우리가 이어지는 이야기』, 『사랑을 그리다』.

블로그 blog.naver.com/g8945g

불안하기 때문에 도전한다

불안, 나를 움직이는 힘

나의 열정은 진행형이다

도전의 연속, 내 길을 찾다

운과 노력의 경계에서

나는 멈추지 않는다

불안, 나를 움직이는 힘

나는 도전의 또 다른 이름이 '포기하지 않음'이 아니라, 어쩌면 '불안'이라고 생각한다. 돌아보면 20대에 수많은 도전을 했던 것도 성격이 활발해서가 아니었다. 진취적이어서도, 도전정신이 강해서도 아니었다. 결국 불안했기 때문이 아닐까.

그 시기 나는 멈추면 안 될 것 같은 기분에 사로잡혀 있었다. 새로운 공모전이 뜨면 알람이 울리듯 곧장 지원했다. 떨어지면 서류를 다시 고쳤고, 결과 발표 전부터 다음 활동을 찾았다. 노트북 앞에 앉아 있는 시간이 늘었고, 한편으론 이메일 알림이 울릴 때마다 숨이 막혔다.

그러다 문득 이런 글을 읽게 되었다.

"인간이기 때문에 불안은 사라지지 않는다. 중요한 결정을 앞두거나, 내일 새롭게 새로운 환경이 주어졌을 때, 그리고 새롭게 무엇인가를 시작할 때 불안은 언제나 따라온다. 그러나 불안은 멈추라는 신호가 아니다. 불안하기 때문에 오히려 나아가야 할 이유다. 불안을 이기는 것은 움직이는 것이다. 즉, 행동해야 하는 것이다. 행동하는 순간 불안은 점점 작아진다. 두려움 속에서도 나아가는 것, 그것이 진짜 용기다." 이 문장이 마음속에 오래 남았다.

20대 동안 나는 늘 무언가에 지원하고 있었다. 이력서를 채우기 위해서가 아니라, 무언가 하지 않으면 불안했기 때문이다. 학교가 끝난 저녁엔 온라인 수업을 들었고, 명절 연휴에도 공모전 자료를 준비했다. 누가 시키지 않아도 나 자신을 스스로 밀어붙였다.

"나는 왜 이렇게 끊임없이 움직일까?"

그 습관은 취업 후에도 멈추지 않았다. 첫 직장은 또래보다 빠르게 얻은 대학 행정 계약직이었다. 주변에선 "좋겠다"는 말과 함께 "이제 결혼해야지" 같은 말들을 건넸지만, 내 머릿속엔 이미 다른 길이 그려지고 있었다. 무기 계약직 전환 기회도 있었고, 계약 종료 후 잠시 쉬는 것도 가능했지만, 나는 일이 마무리도 전에 다른 기관 채용 공고를 보고 있었다.

출근하지 않는 날에도 평소대로 일찍 일어나 노트북을 켰다. 자격증 강의를 틀고 자기소개서를 고치다 보면 오후가 훌쩍 지나 있었다. 남들이 쉬는 시간에도 가만히 있으면 마음이 불편했다.

'내가 뭘 놓치고 있는 건 아닐까?' 그런 생각이 나를 움직이게 했다.

'정규직이 되면 이런 불안이 멈출까?' '승진하면 괜찮아질까?' 그럴수록 나는 더 많은 자기계발과 공부에 집중했다.

코로나로 강제 휴식기를 맞았을 때, 남들이 일하는 시간에 카페에 앉아 있다는 사실이 죄책감처럼 느껴졌다. 충분히 잠을 자도 무언가를 놓친 것 같았고, 적게 자면 건강이 걱정돼 불안했다.

주변에서는 이렇게 조언했다.

"그냥 쉬어."

"편하게 좀 살아."

"그렇게까지 안 해도 돼."

저마다의 관점에서 조언했지만, 나에게 불안은 멈춤이 아닌 움직임의 원동력이었다. 그래서 청년 공동체 공모에 탈락한 날에도, 노트북을 덮고 곧장 다른 지원 사업을 찾아봤다.

며칠 후, 그 면접장에서 나는 오히려 실패한 공모전 이야기를 꺼냈다. 단순한 실패담이 아니라, 그 과정을 통해 내가 무엇을 배우고 어떻게 달라졌는지를 솔직하게 전했다. 그 진심이 면접관에게 닿았고, 결국 나는 그 자리에서 합격 통보를 받았다. 의도한 건 아니었지만, 실패는 또 다른 문을 열었다.

내가 얻은 것들은 단번에 성공한 것이 아니라, 그만두지 않고 다시 시도했기에 가능했다. 어떤 대외활동은 여러 번 만에 붙었고, 어떤 자격증은 시험 날짜를 1년 후 다시 달력에 표시해 도전했다. 실패는 내 부족함을 보여줬고, 나는 그걸 보완하며 다시 나아갔다. 나는 가만히 있을 때보다 움직일 때 마음이 편해졌다. 도전은 여전히 두렵지만, 한 걸음 내디딜 때마다 두려움은 작아진다.

불안하기 때문에 나는 다시 시작한다. 그리고 그 길 위에서 또 다른 나를 만날 것이다.

나의 열정은 진행형이다

나는 한 가지만으로는 만족할 수 없는 성격이다.

대학 시절, 하나의 전공도 벅찼지만 복수전공까지 도전해 두 개의 학위를 취득했다. 늘 다양한 경험을 즐겼고, 남들이 하지 않는 새로운 일에 도전하는 걸 좋아했다. 스킨스쿠버가 교양 과목으로 개설되었을 때, 1학점짜리 수업임에도 단순히 배우는 것에 그치지 않고 해외에서 자격증까지 취득했다.

대외활동도 마찬가지였다. 한두 개로는 만족할 수 없었다. 한 번 시작하면 여러 활동에 동시다발적으로 지원했고, 다양한 분야의 서포터즈와 학교 홍보대사, 리더십 캠프, HACCP, 마케팅, 세일즈 교육 등 실전형 프로그램에 참여했다. 단순한 스펙 쌓기를 넘어, 사회를 이해하고 실무 감각을 기르는 데 큰 도움이 되었다. 특히 한국거래소 서포터즈 활동을 통해 금융 시스템을, 사회

통합위원회 활동을 통해 공동체 문제 해결 과정을 체험하며 더 넓은 시야를 갖게 되었다.

봉사활동도 빠지지 않았다. 삼성증권 YAHO 대학생 봉사단으로 활동하며, 매주 아이들에게 배움을 전했다. 아이들과의 만남을 통해 그들의 성장 과정에 직접적으로 영향을 미칠 수 있다는 점에서 큰 보람을 느꼈고, 그 과정에서 나도 많은 것을 배울 수 있었다. 아이들에게 새로운 정보를 가르치고, 그들의 눈높이에 맞춰 소통하는 법을 익히면서 점점 더 나아졌다.

교육봉사를 통해 단지 나의 시간을 쏟는 것이 아니라, 내가 하는 작은 가르침이 누군가에겐 큰 울림이 될 수 있다는 걸 깨달았다. 이렇게 하나하나의 활동은 불안을 없애는 해답이 되진 않았지만, 매번 나에게 '무엇이 의미 있는가'를 묻는 계기가 되어주었다.

대학생 시절, 내가 이렇게 많은 활동을 한 이유는 단순했다. 당시 취업을 위해 대외활동, 봉사활동, 자격증, 공모전, 수상 경력, 토익 점수까지 다양한 스펙이 요구되었기 때문이다.
하지만 이런 나도 처음부터 열정적이었던 것은 아니었다.

- 공모전이 내 인생을 바꾸다

대학교 4학년, 창업캠프에서 만난 한 친구가 내 인생의 방향을 바꾸었다. 그 친구는 공모전과 대회에 거리낌 없이 도전하며, 언제나 자신감 넘치는 태도로 나를 자극했다. 자연스레 가까워졌고, 친구의 추천으로 피델리티 자산운용회사의 프레젠테이션 대회에 참가하게 되었다.

지방 대학 소속의 우리 팀은 결승에 오르기까지 한 달 동안 영상을 촬영하고 발표를 연습하며 밤을 새웠다. 서울 결승 무대에서 긴장감은 극에 달했지만, 발표가 시작되자 우리는 인기 개그 프로그램의 콩트를 활용해 분위기를 전환했다.

관객의 웃음소리 속에서 무대에 대한 두려움보다, 우리의 준비가 빛을 발하고 있다는 확신이 들었다. 비록 1등은 아니었지만, 장려상을 받았고 이는 첫 무대에서의 '작은 증명'이었다. 그동안의 노력과 열정이 인정받았다는 기쁨이 밀려왔다. 이 경험은 나에게 큰 자신감을 주었고, 앞으로 더 많은 도전과 성장을 할 수 있을 거라는 확신을 심어주었다.

몇 주 뒤, 학교에서는 '그랜드 취업박람회 1분 스피치 대회' 참가자를 모집한다는 공고가 떴다. 1등 상품이 아이패드라 경쟁이 치열했지만, 내게는 그것보다 더 절실한 이유가 있었다.

'내가 무대에서 다시 인정받을 수 있을까?' 그 질문에 답을 얻고 싶었다.

단순한 상품이 아닌, 나 자신에 대한 믿음을 회복하고 싶었다. 나는 다시 용기를 냈고, 지난 대회에서 함께한 친구와 나란히 지원서를 제출했다. 서로를 바라보며 우리는 웃으며 말했다.

"이번에도 각자의 강점을 살려 준비하자."

친구는 자신의 넘치는 에너지를 표현하기 위해 점프 동작을 넣었고, 나는 관객의 시선을 끌기 위해 '스마일 판넬'을 직접 제작해 발표 중 활용하기로 했다. 서로의 아이디어를 응원하며 밤늦게까지 함께 연습하고, 피드백을 주고받으며 완성도를 높여갔다.

그렇게 노력의 시간을 보내고 드디어 대회 날이 찾아왔다. 나는 정장을 차려입고 대기실에 앉아 떨리는 마음을 다잡았다. 손에 쥔 판넬이 미묘하게 땀에 젖어 있었고, 거울 속 내 얼굴은 긴장과 기대가 교차하는 눈빛을 하고 있었다.

'잘할 수 있어. 넌 준비됐어.'

조용히 되뇌이며 무대 앞에 섰을 때, 어쩌면 지난번보다 더 단단해진 나 자신을 느낄 수 있었다. 그동안의 연습은 배신하지 않았다. 마이크 앞에서 말을 뗀 순간부터 몸의 긴장이 풀렸고, 목소리는 또렷하게 울려 퍼졌다. 판넬을 들어 보이는 순간, 심사위원들의 미소가 보였고, 관객석에서 작은 웃음과 박수도 들려왔다. 무대 위에서 나는 확실히 스스로를 다시 한 번 증명해냈다.

결과 발표가 시작되었다.

3등, 2등… 마지막까지 내 이름은 불리지 않았다. 순간 실망감이 밀려왔고, '역시 1등은 무리였나' 싶었다. 하지만 마지막, 사회자의 목소리가 들려왔다.

"1등은… 조수진님! 축하합니다!"

그 순간, 심장이 요동쳤다. 머릿속이 하얘지면서도 손끝이 떨리고, 두 눈엔 눈물이 고이려 했다. 얼떨결에 무대에 올랐고, 꽃다발과 상장을 받으며 도지사님, 총장님과 나란히 사진을 찍었다.

"수고하셨습니다, 정말 멋졌어요."라는 축하 인사에 겨우 미소를 지었지만, 마음속에서는 되뇔 뿐이었다.

'내가 해냈어. 드디어 나도 인정받았어.'

무대에서 내려오자, 수많은 스티커로 가득한 내 사진이 보였다. 그동안의 노력이 보상받았다는 뿌듯함과 기쁨이 온몸을 감쌌다. 하지만, 바로 그때였다. 한쪽 구석에 친구가 서 있었다. 선배들에게 둘러싸여 눈물을 흘리고 있었고, 그들 사이에서 흘러나온 친구의 말이 내 귀를 스쳤다.

"얼굴 예뻐서 1등 준 거야. 정말 불공평해."

숨이 멎는 것 같았다. 그 한마디는 날카로운 바늘처럼 가슴 깊숙한 곳을 찔렀다. 지금까지 쏟아온 수많은 날들과 연습, 긴장 속에서도 흔들리지 않으려 했던 나의 열정과 노력이 단 한 문장으로 무너지는 기분이었다.

'내가 그렇게 열심히 준비한 것이 아무 의미가 없었던 걸까?'
축하받던 무대가 순식간에 얼음장처럼 식었고, 말문이 막혔다. 환호는 여전히 들리는데도, 마음 한 구석은 텅 비어 있었다. 무대 위에서의 찬란한 순간은 사라지고, 대신 상처만이 남아 있었다.

그날 밤, 나는 잠들지 못한 채 어둠 속에서 그 말을 반복해서 떠올렸다.

"얼굴 예뻐서 1등 준 거야. 정말 불공평해."

귓가에 계속 맴돌았다. 마치 내 진심과 노력이, 외모 하나로 덮여버린 기분이었다. 분하고, 억울했다. 하지만 그 감정을 오래 붙잡고 있을 수는 없었다. 나는 천천히, 그리고 단단하게 스스로에게 말했다.

'다시는 누군가가 노력을 외모로 평가하지 않도록 하겠다.'

'내가 잘해서 인정받았다는 걸 보여주자. 그 말이 틀렸다는 걸 증명해보자.'

그 순간부터였다. 스스로를 의심하지 않기로, 내 가치를 내가 증명하기로 마음먹었다. 내 안에서 무언가가 단단히 자리 잡는 느낌이 들었다. 그리고 그 결심은 내 삶의 방향을 바꾸는 원동력이 되었다.

'노력은 배신하지 않는다.'

그 말은 이제 내 안에서 단순한 위로가 아니라, 행동의 원칙이 되었다.

_ 외모가 아닌, 노력으로 수상을 거머쥐다

 몇 달 뒤, 학교에서는 '대학 모의면접 경진대회'가 열렸다. 이번에는 누구도 '얼굴 때문'이라는 말을 꺼낼 수 없도록, 철저히 준비했다. 실력으로 인정받겠다는 각오로 밤낮없이 연습에 몰두했고, 그 결과 대상을 차지했다. 이전의 오해를 했던 친구도 조용히 내게 다가와 말했다.
 "네가 정말 열심히 했다는 걸 이제야 알겠어."
 그 한마디는 오래도록 내 마음에 남았다. 그러나 인정받았다고 멈추지 않았다. 오히려 더 치열하게 나를 단련하기 시작했다. 그 노력은 또 한 번 결실을 맺어, 삼성증권 대학생 봉사단 프레젠테이션 경진대회에서도 성과를 거뒀다. 나는 여전히 '외모'가 아닌 '실력'으로 평가받고 싶었고, 그래서 계속해서 도전했다.
 이후에도 다양한 분야의 공모전과 교육 프로그램에 도전하며 실력을 다졌다. 수상이 목적이 아니라, 끊임없는 자기 증명을 위한 과정이었다. 국립국어교육원, 세종학당, 연세대학교 등 주요 기관의 프로그램에서도 경쟁을 뚫고 기회를 얻었으며, 면접 과정마다 과거의 쌓아온 경험이 큰 힘이 되었다. 나는 점점 더 단단해지고 있었다.
 매번 새로운 무대가 나를 다시 배우게 하고, 그 배움이 또 다른 도전을 이끈다. 나는 지금 이 순간에도 다양한 대회와 공모전에 도전하며, 나의 열정과 능력을 증명하고 있다. 단 하나의 성취에 머무르지 않고, 언제나 다음 목표를 향해 나아간다.

누구보다 치열하게, 누구보다 묵묵히. 내가 선택한 방식으로, 나는 나를 증명해 나가고 있다.

도전의 연속, 내 길을 찾다

어른들이 흔히 '좋은 직장'이라고 부르는 곳들이 있다. 공공기관이나 학교, 은행처럼 안정성과 복지가 잘 갖춰진 일터들이다. 나 역시 그런 곳에서 일하길 꿈꿨다. '졸업예정자일 때 취업하면 잘 풀린다'는 말을 자주 들으며, 졸업 전에 일자리를 구해야겠다는 생각이 자연스럽게 자리 잡았다. 나는 실제로 졸업 전부터 본격적인 구직 활동에 나섰고, 평균보다 이른 시기에 취업을 시작했다.

우리 학과에서는 교수님의 추천을 받아 수도권 기업에 취업하는 경우가 많았지만, 나는 스스로 나의 길을 찾아보고 싶었다. 채용 사이트를 매일 들여다보며 '좋아 보이는 직업', '남들이 괜찮다 여기는 자리' 위주로 지원했고, 공무원 업무를 경험해보고 싶다는 생각에 자연스럽게 공공기관에도 눈길이 갔다.

단순히 '취직' 자체가 목표였기에, 그 일이 내 적성에 맞는지,

나를 성장시킬 수 있을지는 깊이 고민하지 못했다. 얼마 지나지 않아 첫 서류전형 합격 문자를 받았고, 무대 경험 덕분인지 면접에서도 크게 긴장하지 않고 나의 이야기를 자신 있게 전할 수 있었다. 그렇게 나의 첫 직장은 도청 홍보 업무로 시작되었다.

첫 출근 날, 부모님은 내가 공공기관에서 일하게 되었다는 사실에 누구보다 기뻐하셨다. 정장을 입고 도청 건물로 들어서던 그날, 나 역시 뿌듯했다. 직장의 분위기는 예상보다 편안했다. 방문객이 많지 않은 부서였기에 사무실은 직원들의 휴식 공간처럼 느껴졌고, 정직원들은 계약직인 나를 따뜻하게 챙겨주었다.

점심시간이면 함께 식사를 하고, 퇴근 후엔 서로 안부를 묻는 정 많은 분위기였다. 그렇게 나는 큰 어려움 없이 무난하게 적응해 갔다. 하지만 시간이 흐르자 마음 한편이 허전해졌다. 매일 반복되는 업무, 같은 자리에 앉아 정해진 루틴을 따라가는 일상 속에서 점점 무기력함이 밀려왔다.

"너무 편하고 좋은데, 매일 똑같은 곳에 앉아 똑같은 일을 하는 게 따분해."

이런 생각이 마음속에 자리 잡자, 갑자기 그 일상이 견디기 힘들어졌다. 안정적이라는 이유로 선택한 일이었지만, 그 안에서 나만의 의미나 성장의 가능성을 찾기 어려웠다. 결국 다시 채용 사이트를 열었다. 이번엔 대학교 행정직 채용 공고가 눈에 들어왔다.

서류 전형을 통과하고 면접장에 선 나는, 그동안의 대외활동과 자격증, 수상 이력을 자신 있게 이야기하며 노력해 온 시간을 증명해 보였다. 합격 소식을 들었을 때, 그동안의 모든 순간이 헛되지 않았음을 실감했다. 짧지만 도청에서의 시간은 공무원 업무를 간접적으로나마 경험할 수 있었던 소중한 시간이었다.

막상 퇴사를 앞두고는 아쉬움도 컸지만, '더 나은 곳으로 간다'는 기대 속에서 동료들의 따뜻한 배웅을 받으며 새로운 도전을 향해 발걸음을 옮겼다.

학교 교직원으로 첫 출근을 하던 날, 부모님을 비롯해 주변 모두가 진심으로 기뻐해 주었고, 비록 계약직이었지만 보다 안정적인 환경 속에서 나 역시 만족감을 느꼈다.

입학처에서 학생들의 입학을 돕는 업무를 맡았다. 입학 시즌에는 야근도 마다하지 않을 만큼 분주했지만, 그 시기가 지나면 상대적으로 여유가 생겼다. 주된 업무는 행정 처리였지만, 행사 MC를 자처해 고등학생 대상 입학 설명회도 맡았다.

누군가는 "내 일 이상의 것을 하지 말라."고 조언했지만, 마이크를 잡고 무대에서 소통하는 일이 즐거웠다. 남고 학생들이 단체로 입학설명회에 오면 분위기가 한층 뜨거워졌다. 내가 무대에 오르자 여기저기서 "누나!", "예뻐요!", "누나 만나러 이 학교 올 거예요!" 같은 환호가 터졌고, 마치 팬 미팅처럼 열기가 넘쳤다.

어린 나이에 MC를 맡은 나는 그들의 관심이 싫지 않았고, 게임과 이벤트를 진행하며 학생들과 호흡을 맞추는 순간들이 정말 즐거웠다.

직접 고등학교를 찾아다니며 설명회를 열고, 합격자 발표 후에는 학생들에게 추가 합격 소식을 전하기도 했다. 그 모든 과정이 보람 있었다. 그해 우리 학교는 역대 최고 지원자 수를 기록했고, 입학처 직원들은 처음으로 해외 포상휴가를 받았다. 함께한 동료들과의 팀워크도 완벽했다.

그러던 어느 날, 한 선생님이 내게 말했다.

"수진 선생님, 여기서 안주하지 말고 떠나요. 아직 젊잖아요. 여기서 안주하면 시간 금방 가버려요."

그땐 그 말이 쉽게 와닿지 않았다. 나는 이곳에서 행복했고, 어쩌면 정규직이 될 수 있지 않을까 하는 막연한 기대도 품고 있었다. 하지만 시간이 흐르며 현실을 마주하게 됐다. 지방 소재 대학 졸업생으로 정규직 전환은 쉽지 않았다. 토익, NCS, 컴퓨터 자격시험, PPT 발표까지 수많은 관문이 앞에 놓여 있었다.

단순히 성실히 일하고 좋은 평가를 받는 것만으론 부족했다. 계약 기간은 2년. 2개월도 채 남지 않자 불안감이 밀려왔다. 그렇게 다시 취업 준비에 나섰고, 마침 지역 공공기관들이 지방으로 이전하면서 '지역인재 채용'이 활발하다는 소식을 들었다.

이번엔 내 전공을 살려 공기업에 지원했다. 면접 대기실에는 나처럼 '지역인재' 타이틀을 단 지원자들이 가득했다.

'내가 여기서 뽑힐 수 있을까?' 불안했지만, 이번엔 확실한 목표가 있었다. 회사의 직무와 나의 적성을 연결 지으며 강점을 강조했고, 마침내 며칠 뒤 합격자 명단에서 내 이름을 찾았다.

기쁨과 동시에 또 한 번의 이별이 찾아왔다. 2년간 따뜻한 배려 속에서 성장했던 학교를 떠나는 건 아쉬웠지만, 새로운 도전을 향한 설렘이 더 컸다. 실업급여를 받을 수 있었지만, 불안감이 앞서 바로 다음 일자리를 찾아 출근했다. 좋은 제도가 있었지만, 나에겐 '쉬는 것'이 더 큰 두려움이었다.

학교와 작별한 다음 날, 나는 새로운 직장으로 향했다. 배정된 부서는 비서실이었다. 전공을 살릴 수 있는 부서를 희망했지만, 맡게 된 업무는 비서직이었다. 당황스러웠다.

비서실에는 네 명의 비서가 있었다. 나와 또래이거나 한두 살 차이였지만, 세련된 외모와 당당한 분위기로 처음부터 압도적인 인상을 풍겼다. 그들 사이에서 나는 막내였고, 비서 업무는 모든 것이 낯설고 처음이었다. 동기 중에는 비서학을 전공한 사람도 있었지만, 시간이 흐를수록 내가 이 자리에 배정된 이유를 조금씩 깨닫게 되었다. 회사가 원했던 건 '젊고 발랄한 이미지'였고,

나는 그에 맞는 '어린 비서'였다.

'어차피 사회생활이란 하라는 대로 해야지.'

스스로를 다독이며 차근차근 일을 배워나갔다. 내가 모신 임원은 본부장님과 이사님, 두 분이었다. 출근 시간은 일반 직원보다 이른 아침 8시였고, 매일 먼저 도착해 자리 정리, 회의 준비, 차와 커피를 준비하는 일이 가장 중요했다.

점심시간이 되면 사원 식당의 맛있는 음식과 무료 커피가 작은 위로가 되었고, 오후엔 보고와 회의가 이어졌다. 임원들이 출장이라도 있는 날이면 잠시 숨 돌릴 틈이 생기곤 했다.

직장 생활은 점차 안정감을 주었지만, 그만큼 무료함도 뒤따랐다. 무엇보다 마음 깊은 곳에서 '계약직의 한계'를 실감하기 시작했다.

'나도 언젠가는 안정적인 직장을 가져야 하지 않을까?'

그 고민은 점점 더 무거워졌다. 하지만 아무리 밝고 성실하게 일해도, 세상은 항상 노력만으로 돌아가지 않는다는 걸 이곳에서 처음 실감했다.

이 경험은 '무조건 열심히 하면 된다'는 내 생각에 처음으로 균열을 낸 사건이었다. 그리고 그 균열은, 이후 내 도전의 태도를 바꾸게 되는 계기가 되었다.

_ 불안한 신호들

그러던 어느 날, 모시는 임원 중 한 분이 함께 식사하자고 했다. 처음엔 여느 회식처럼 여러 직원이 함께하는 자리려니 생각했지만, 막상 도착해 보니 단둘이 앉은 조용한 식사 자리였다. 당황스러웠다.

직속 상사의 제안이라 거절하기 어려웠고, 몇 차례 정중히 사양했음에도 거듭된 요구 끝에 결국 응하게 되었다. 예약된 식당은 회사에서 꽤 먼 곳이었고, 식사 장소로 향하는 내내 불길한 예감이 마음 한켠을 짓눌렀다. 불안은 적중했다. 식사를 마치고 나서 그 임원은 갑자기 봉투 하나를 내밀며 말했다.

"이건 그냥 용돈이야. 부담 갖지 말고 받아."

처음엔 받아서는 안 된다는 생각에 단호히 거절했다. 그러나 상대는 끝까지 밀어붙였고, 결국 손에 닿은 봉투는 내내 무겁게 느껴졌다. 그날 밤, 깊은 고민 끝에 조용히 그의 책상 위에 봉투를 올려두었다. 그 사건 이후, 식사 자리가 또 제안될 때마다 두려움이 몰려왔다.

'왜 이러지?, 내가 만만한가?, 사회초년생이라서 그런가?'

머릿속이 복잡해졌다. 그 임원은 악수할 때마다 손가락 끝으로 내 손바닥을 슬쩍 간질이듯 스치는 행동을 했다. 그땐 그저 이상한 습관쯤으로 넘겼지만, 시간이 지나 뜻을 알고 난 뒤에는 온몸에 소름이 돋았다. 이건 단순한 불쾌함이 아니었다. 분명한 경고였다.

_ 침묵을 강요당했던 순간들

두려움은 나날이 커졌고, 결국 회사를 떠나기로 결심했다. 하지만 조용히 물러날 수는 없었다. 나는 용기를 내어 감사실 문을 두드렸다. 그곳에서 어렵게 말을 꺼냈지만, 돌아온 말은 "서울 청년들과 비교하면 너는 아직 절실하지 않다"는 냉소였다.

'조용히 넘어가라'는 메시지는 은근히 전달됐고, 계약 연장을 조건으로 회유하려는 시도도 있었다. 내 이야기는 그저 철없는 불만쯤으로 여겨졌다. 회사 안엔 내 편이 없다는 사실이 뼈아프게 다가왔다. 당시는 미투(MeToo) 운동이 사회에 퍼지기 전이었다. 어디에, 누구에게, 어떻게 말해야 할지 몰랐고, 더 큰 상처를 입기 전에 그저 떠나는 것이 최선이라고 생각했다.

나는 회사를 떠났다. 그리고 얼마 뒤, 함께 입사한 동기들은 차례로 무기 계약직으로 전환되었다. 시간이 흐른 후, 그 중 일부는 정규직이 되었다는 소식도 들렸다. 마음 한구석이 씁쓸했다.

'그때 조금만 더 참았더라면, 나도…'

후회가 밀려왔다. 하지만 미투 운동이 사회적 파장을 일으킨 후, 또 다른 질문이 떠올랐다.

'그때 용기를 냈다면? 신고를 했다면 뭔가 달라졌을까?'

그 시절, 조심스레 엄마에게 고민을 털어놓자, 엄마는 조용히 말했다.

"괜히 일을 키우지 마. 너처럼 말단 직원의 말엔 아무도 귀 기울이지 않아." 그 말은 당시의 현실을 대변하는 말처럼 남았다.

혹시라도 언젠가 다시 이 회사에 돌아가게 될지도 모른다는, 그 작은 희망 때문에 나는 끝내 입을 열지 못했다. 솔직히 말하자면, 지금 그때로 돌아간다고 해도, 똑같이 말하지 못했을 것 같다. 내가 바랐던 건 거창한 변화가 아니라, 단지 불이익 없이 떠나는 것이었기에, 굳이 싸움을 키우고 싶지 않았다.

모두가 날 말린 것도 결국 그런 이유였고, 나 역시 조용히 입을 다물 수밖에 없었다.

_ 침묵 대신, 내 목소리를 찾기까지

그때 하지 못했던 말들이 여전히 내 안에 남아 있다. 말하지도, 행동하지도 못한 그 순간들이 여전히 나를 괴롭히고 있다. 그 일을 겪고 난 뒤, 나는 더 이상 '좋게 끝내자'는 생각으로 직장을 그만두지 않기로 했다. 이제는 '할 말을 다 하고 나오는 사람'이 되기로 마음먹었다.

사람은 익숙해진 환경 속에서 '혹시'라는 희망에 기대 살아간다. 하지만 오지도 않을 그 가능성 하나에 기대, 지금의 나를 병들게 해선 안 된다. 미래는 어떻게든 흘러가겠지만, 지금 이 순간의 부당함은 외면해서는 안 된다. 어떤 사람은 이런 경험을 쉽게 잊고 지나가지만, 어떤 사람은 평생을 짊어지고 살아간다. 그렇기에 나는 이제 말한다. 나는 더 이상 고리타분한 사고방식에 순응하지 않는다.

불합리함 앞에서 침묵하지 않고, 단호하게 말하며 바로잡는 것. 그것이 내가 사회생활에서 배운 진짜 지혜다. 나보다 나이가 많다고, 직급이 높다고 해서 그들의 말과 행동이 항상 옳은 건 아니다. 그리고 그렇다고 해서 내가 나를 낮출 이유도 없다.

"이 직업을 안 하면 어때? 다른 일 하면 되잖아."

지금의 나는 더 넓은 시야를 가지려 한다.

억울함을 참고 넘기며 마음속에 병을 키우는 건 결코 옳지 않다. 이제는 내 감정과 생각을 들여다보고, 부당함 앞에서는 당당히 말할 줄 아는 사람이 되고 싶다.

그것이 내가 지켜야 할, 나 자신에 대한 최소한의 존엄이니까.

운과 노력의 경계에서

20대 중반부터 나는 종종 '운이 좋다'는 말을 들으며 살아왔다. 결과만 보면 그럴 수도 있다. 하지만 20대 초반부터 차곡차곡 쌓아온 노력이 이제야 빛을 본 것이라면, 그것은 단순한 운이 아니라 오랜 시간 다져온 내공의 결과가 아닐까?

내가 말하는 운이란, 간절한 노력 끝에 찾아오는 당연한 결과다. 목표를 향해 묵묵히 달려가다 보면, 1~2년이 아니라 10년이 지나서야 비로소 결실을 맺는 순간이 온다. 그리고 그때 사람들은 말한다.

"넌 운이 좋았어."

하지만 보이지 않는 곳에서 꾸준히 노력할 때마다 나 자신에게 수없이 물었다.

"이렇게까지 해야 할까?"

"나만 너무 힘들게 사는 건 아닐까?"

그러나 시간이 지나면서 깨달았다. 당장은 힘들어도 꾸준히 해나가다 보면, 결국 좋은 방향으로 흘러가게 된다는 것을. 그리고 그제야 사람들은 다시 말한다.

"운이 좋았네."

_ 운이 아니라, 선택이었다

공공기관을 그만두었을 때 가장 이해하지 못한 사람들은 친척들과 친구들이었다.

"거긴 남들도 힘들게 들어가는 곳인데, 왜 그만둬?"

"요즘 일자리 구하기 어려운데, 조금만 더 버텨봐."

하지만 나에겐 공인중개사 자격증 취득이라는 더 큰 목표가 있었다.

부동산을 전공하면서 자주 들었던 질문이 있다. "공인중개사 자격증 있으세요?" 처음엔 그 질문이 부담스럽기만 했다.

대학에 입학할 때만 해도 자격증을 따고 졸업할 거라 생각했지만, 학업과 병행하는 건 쉽지 않았다. 당시에는 금융업이나 공공기관 취업에 더 관심이 있었고, 부동산 공부에는 큰 흥미를 두지 못했다. 그러나 공공기관을 그만두고 나니, 오롯이 나만의 시간을 가질 수 있게 되었다. 이번에는 결심했다.

'꼭 자격증을 따기로.'

_ 공부도 습관이다

학원에 등록하고 공부를 시작한 후, 나는 깨달았다.
'그동안 제대로 공부한 적이 없었구나.'
기초부터 기본, 심화 과정을 반복하며 학습을 이어갔다. 새로운 것을 배우는 걸 좋아하는 성격이라, 반복 학습이 지루하게 느껴졌다.
공부는 결국 '엉덩이의 힘'이라고 했던가. 처음에는 두꺼운 법학 책을 읽는 것조차 버거웠고, 몇 시간 집중하기도 어려웠다. 하지만 점차 시간을 늘려가며 10시간 이상 공부할 수 있게 되었다.

혼자였다면 절대 버티지 못했을 것이다. 동기들과 함께 서로 격려하며 시험을 준비했다. 반복할수록 책 읽는 속도도 빨라졌고, 시험 전날에는 두꺼운 책 6권을 하루 만에 끝낼 수 있을 정도로 성장했다.

_ 운이 아니라, 버틴 결과다

법은 휘발성이 강한 과목이었다. 외워도 잊어버리고, 다시 공부해도 또 잊어버렸다. 끝없는 반복 속에서 문득 이런 생각이 들었다.

'시험이라는 D-day가 없었다면, 나는 계속 부족했을 거야.' 누구보다 열심히 했다고 생각했지만, 동기들은 다른 시선을 가졌다.

"넌 항상 노는 것처럼 보였어."

나는 내 노력을 남들에게 알리고 싶지 않았다. 주말마다 독서실에 보이지 않으면 "너 또 놀러 갔구나. 공부 좀 해!"라는 말을 듣기도 했다. 심지어 친한 친구들조차 내가 시험을 준비하는지 몰랐다. 친구들이 놀자고 연락 오면 가고 싶었지만, 목표를 위해 참아야 했다.

_ 결국, 기회는 준비된 자에게 온다

여름이 되면서 수많은 모의고사를 치렀다. 합격점이 나오지 않으면 울고 싶었고, 다 포기하고 싶었다. 하지만 그럴 때마다 더는 물러설 수 없다는 생각이 들었다. 이 시험 결과는 단순한 성적을 넘어서, 가족의 미래와 관계를 되살릴 수 있는 기회였다.

그때 우리 집은 이미 많은 갈등과 위기를 겪고 있었다. 부모님의 관계는 점점 악화되었고, 그로 인해 집안 분위기는 점점 무겁고 조용해졌다. 말 한마디조차 조심스러웠다. 부모님은 내가 위로와 지원이 되어주기를 바랐고, 나는 그 무게를 온전히 느끼고 있었다.

만약 이 시험에 실패한다면, 지금까지 간신히 유지되어 오던 평온이 무너질지도 모른다는 생각이 들었다. 그래서 이 시험은 단순한 합격을 위한 싸움이 아니었다. 나에게는 가족의 미래를 지켜낼 수 있는 마지막 기회였다. 내가 합격하지 않으면, 우리 가족은 다시는 예전의 평온을 되찾지 못할지도 모른다는 두려움이 마음을 짓눌렀다.

나는 이 시험을 통해 부모님이 예전처럼 서로를 의지하며 살아갈 수 있도록 만들고 싶었다. 그래서 이 시험은 내게 그 무엇보다 중요한 순간이었고, 가족을 위해 내가 반드시 성공해야 한다는 책임감이 나를 계속해서 밀어붙였다.

시험 전날, 나는 고민했다.

'1차만 보고 말까?'

1·2차를 동시에 준비하는 것이 두려웠고, 포기하고 싶은 마음이 컸다. 하지만 내가 포기할 경우, 우리 가족은 또 다른 갈등을 겪을 것이란 두려움이 나를 붙잡았다. 내가 실패하면 모든 것이 무너질 것만 같았다. 그래서 나는 더 이상 물러설 수 없었다.

오지 않을 것만 같았던 시험 당일이 결국 찾아왔다.

1차와 2차 시험이 하루에 모두 치러지는 날이었다.

아침부터 오후까지 이어질 긴 싸움에, 오늘 하루 모든 에너지를 쏟아붓겠다는 각오로 시험장에 들어섰다. 몇 개월간의 노력을 떠올리며 문제를 하나씩 풀어나갔다. 그런데 마지막 문제에서 멈칫했다. 처음 보는 유형이었다.

'어쩌지?'

시간은 빠르게 흘러가고 있었고, 머릿속은 새하얘졌다. 그 순간, 간절한 마음에 속으로 기도했다.

'하늘에 계신 할머니, 할아버지, 제발 도와주세요.'

평소에는 하지 않던 기도였지만, 그날은 저절로 입에서 나왔다.

시험이 끝나고 집으로 돌아온 뒤, 가채점을 해봤다. 신기하게도, 그 마지막 문제의 답이 맞았다. 그리고 결과는 딱 60점, 정확히 합격 커트라인이었다. 모든 과목이 한 치의 오차도 없이, 정확히 합격 기준에 걸쳐 있었다.

가족들은 기쁨에 겨워 서로 얼싸안았고, 학원에서는 내 이야기가 '기적 같은 합격 스토리'로 전해지기 시작했다. 지금도 학원에서는 합격자들의 사례를 이야기할 때, 나의 이야기가 빠지지 않고 등장한다고 한다.

_ 운이었을까, 아니면 노력일까.

주위 사람들은 말한다.
"넌 운이 좋았어."
맞다. 운이 따랐던 것도 사실이다. 하지만 그 '운 좋은 결과' 뒤에는 셀 수 없이 많은 시간과 노력이 쌓여 있었다. 나는 운만 바라보며 준비하지 않았다. 언제 기회가 올지 모르기에, 나는 매 순간을 진심으로 준비했다.

결국, 운이란 준비된 사람에게만 찾아오는 보상 같은 선물이 아닐까?

"넌 참 운이 좋네."
그 말을 들을 때마다 나는 웃으며 생각한다.
'그 운 하나를 만들기 위해 내가 얼마나 많은 시간을 쏟았는지 너희는 모를 거야.'

나는 멈추지 않는다

공인중개사 시험에 합격한 후, 우리 가족은 바쁘게 움직이기 시작했다. 아버지는 "이왕 합격했으니 바로 개업하는 게 좋겠다"고 하셨고, 우리는 곧바로 적절한 사무실 자리를 찾기 위해 발품을 팔았다. 하지만 당시 전주는 신도시 개발이 한창이라, 상가 임대료가 지나치게 높았다. 무리하게 높은 월세를 감당하며 시작하고 싶지는 않았기에, 우리는 지역을 넓혀 익산까지 살펴봤고, 다행히 적당한 가격의 상가를 찾아 계약할 수 있었다.

개업식 날에는 친척, 지인, 학원 동기들을 초대해 조촐하지만 따뜻한 자리를 만들었다. 그런데 현실은 쉽지 않았다. 며칠이 지나도록 손님이 거의 없었고, '이러다 적자만 쌓이는 건 아닐까?' 하는 불안감이 점점 커졌다.

그러던 중, 막 등장하기 시작한 부동산 플랫폼 '직방'과 '다방'이 떠올랐다. 나는 곧장 직방에 가입해 대학가 원룸 사진을 정성껏 촬영해 올렸다.

당시만 해도 플랫폼을 활용하는 중개사가 거의 없어 학생들의 문의가 쏟아지기 시작했다. 개업한 지 3주 만에 첫 계약이 이루어졌고, 이후 본격적으로 계약 건수가 늘어나기 시작했다. 비록 사무실과 대학가가 떨어져 있어 출퇴근이 필요했지만, 원룸 임대 계약이 점점 늘어나면서 수익도 안정세를 보이기 시작했다.

_ 낯선 문화 속, 자리 잡기 위한 노력

나는 그 지역의 토박이가 아니었다. 그래서 처음엔 원룸 건물 사장님들에게 '외지인'이라는 시선을 받았다. 게다가 학생들에게 방을 보여주러 갈 때마다 예상치 못한 방해가 있었다.

"저기요! 우리 방도 한 번 보고 가요."

방을 보여주러 골목을 걷기만 하면, 원룸 사장님들이 줄줄이 따라붙어 자기 방도 소개해 달라고 말하곤 했다. 그 모습은 마치 대천 해수욕장에서 손님을 붙잡는 호객 행위 같았다.

대학 앞 원룸촌에는 오랜 관행처럼, 학생을 길에서 붙잡아 방을 보여주고 계약까지 이어가는 문화가 있었다. 하지만 나는 학생들의 예산, 위치, 생활 패턴 등을 파악해 가장 적절한 방을 제안하는 방식에 익숙했다. 문제는, 원룸 사장님들에게 이런 새로운 방식이 익숙하지 않았고, 불편하게 여겨졌다는 점이었다.

"왜 우리 방은 안 보여줘?"

"우리 것도 직방에 올려줘야 하는 거 아니야?"

계약이 성사될 때까지 집요하게 압박하는 사장님들도 있었다. 그럼에도 불구하고 나는 흔들리지 않았다.

내 방식대로 차근차근 신뢰를 쌓아갔고, 시간이 흐르자 우리 부동산은 '믿고 맡길 수 있는 곳'이라는 입소문이 퍼지기 시작했다. 하루에 24건의 계약을 성사시킨 적도 있었고, 상담을 받기 위해 손님들이 줄을 서서 기다리는 날도 생겼다.

결국 우리는 '맛집'처럼 예약제를 도입했고, 예약 없이 방문한 손님은 예약 고객 이후에 상담을 진행하는 시스템으로 자리 잡았다.

_ 계약 시즌, 전쟁 같은 하루하루

방학이 시작되고 개강이 다가오기 전, 일명 '방철(房철)-방이 가장 활발히 거래되는 시즌'이 찾아오면 우리 가족은 전쟁 같은 바쁜 일상을 보냈다.

아침에 눈을 뜨는 순간부터 긴장이 몰려왔다. 예약된 손님을 놓치지 않기 위해 온 가족이 숨 돌릴 틈 없이 움직였고, 계약이 잘 되었던 날 입었던 옷을 다시 꺼내 입으며 '오늘도 잘 되기를' 바랐다.

하지만 부동산 일은 결코 만만하지 않았다. 몇 시간 동안 고민만 하며 결정을 미루는 손님, 온라인에 올린 위치 정보를 보고 집주인과 직접 거래해버리는 손님, 계약 당일 약속된 복비를 깎으려는 손님, 원하는 조건을 제대로 말하지 않아 맞지 않는 방만 보게 되는 손님까지….

억울함과 답답함이 한꺼번에 밀려와 극심한 스트레스를 겪기도 했지만, 그래도 멈출 수는 없었다. 우리 가족의 생계가 이 일에 달려 있었기 때문이다.

중개업은 단순한 서비스업이 아니었다. 이 일은 단순히 방을 보여주는 일이 아니라, 누군가의 중요한 선택과 그 책임까지 함께 감당해야 하는 일이었다. 돈과 계약이 얽힌 만큼 작은 실수 하나도 큰 문제가 될 수 있었고, 늘 긴장 속에서 일해야 했다. 그래서 우리 가족끼리도 사소한 말에 예민해져 다툼이 잦았지만, 그만큼 더 단단해질 수 있었다.

_ N잡러의 길, 두 가지 기회를 잡다

중개업을 운영하던 중, 예상치 못한 기회가 찾아왔다. 석사 학위를 보유하고 있었기에 대학 강사 자격은 갖추고 있었지만, 채용 시장은 결코 만만치 않았다.

보통 대학에서는 나이, 경력, 학위 등을 중요하게 여기기 때문에, 당시 대학 강의 경력이 전무했던 나는 지원 자체가 어려운 상황이었다. 이러한 현실 속에서 신규 강사로서 자리를 잡는 것은 매우 힘든 일이었다.

그러던 중, 외국인 유학생이 급증하면서 대학에서 한국어 강사를 긴급히 모집하기 시작했다. 마침 익산에서의 활동을 통해 쌓아온 지역 경험과 준비된 학위 덕분에 나에게도 기회가 주어졌다.

만약 중개업에만 몰두했다면 얻지 못했을 이 소중한 기회를 놓치지 않고 대학 강의까지 병행하게 되었다.

_ 첫 강의, 그리고 예상치 못한 경험들

개강 첫 주, 외국인 학생들과 처음 마주했다. 첫 수업이다 보니 어색했고, 어떻게 가르쳐야 할지 고민이 많았다.

문득, '학교에서 외국인 교수님들과 회화하던 방식대로 수업을 하면 되지 않을까?'라는 생각이 스쳤다. 하지만 교재에는 정해진 진도와 학습 목표가 있었고, 어휘, 문법, 말하기, 듣기, 쓰기, 읽기 등 체계적으로 수업을 진행해야 했다.

막연한 회화 중심 접근만으로는 한계가 있었고, 그에 맞는 교수 방법을 고민하며 하나씩 적응해 나가야 했다.

시간이 지나면서 수업 방식에 점점 익숙해졌고, 학생들과의 관계도 한결 편안해졌다. 서로 적응해가며 웃음도 생기기 시작했고, 그때의 따뜻한 분위기는 아직도 잊을 수 없다.

무엇보다도 처음 맡았던 학생들이었기에, 나에게는 유난히 특별한 존재로 여전히 마음속에 자리 잡고 있다. 그 시절 학생들은 눈빛도 맑고, 표현에도 거리낌이 없었다.

나를 좋아해 주는 마음이 그대로 전해졌고, 나이 차이도 크지 않아서인지 학생들은 마치 팬처럼 나를 반기며 즐겁게 기다리곤 했다. 그런 학생들과의 교감은 나에게 큰 힘이 되었고, 그 시기의 경험은 지금도 내 마음에 따스한 기억을 남기고 있다.

그러나 모든 학생이 좋은 기억만 남긴 것은 아니었다. 어떤 학생은 나를 몰래 촬영해 페이스북에 올려 학교가 발칵 뒤집힌 적도 있었다. 결국 그 학생은 다른 반으로 이동했지만, 어떻게 대처해야 할지 몰라 한동안 힘들어했다. 또 다른 학생은 밤마다 메시지를 보내고, 내 차 위에 몰래 선물을 두고 가기도 했다.

이러한 경험은 팬심이 스토커처럼 변질된 사례였다. 이처럼 착한 학생들과 말을 안 듣는 학생들, 다양한 성격의 학생들을 만나면서 나는 점점 더 단단해졌고, 학생들과의 소통 방식을 차츰 익혀 갔다.

이 학교에서의 경험 덕분에 자신감을 가지고 다른 곳에도 지원할 수 있었고, 강의 경력이 쌓일수록 합격 과정도 한결 수월해졌다. 그렇게 나는 부동산 중개업과 함께 대학 강의를 병행하는 삶을 살게 되었다.

_ 팔색조 수진

과거의 열정과 노력이 차곡차곡 쌓이며, 이제는 조금 더 여유를 가질 수 있게 되었다. 처음부터 내 길이 교육으로 흘러올 거라고는 상상도 못 했다.

그저 '나에게 맞는 일이 있을까?' 막막했던 시간이 더 길었다. 하지만 우연이 필연이 되고, 포기하지 않았던 끈기가 결국 경력이 되어 지금의 나를 만들었다.

강의실에서 학생들을 가르치는 시간강사로 시작했던 내가, 이제는 대학교 학부생을 지도하는 교수의 자리까지 오게 되었다. 직위가 높아진 만큼 부담과 책임도 커졌지만, 아이러니하게도 인생의 만족도는 그 어느 때보다 가장 충만하다. 물론 지금도 '내가 잘하고 있는 걸까?' 스스로에게 묻는 날이 많다. 그래도 나는 하나의 길만 고집하지 않았다.

교육뿐만 아니라 중개업도 여전히 함께 이어가고 있다. 두 일을 병행하는 게 쉽지는 않지만, 덕분에 내 삶의 우선순위와 진짜 원하는 것이 무엇인지 더 분명히 알게 됐다. 예전에는 직업을 하나만 선택해야 한다고 생각했지만, 지금은 N잡러의 시대다. 처음엔 '욕심'이라는 말도 들었지만, 나 역시 나만의 길을 찾아가는 중이다. 하나의 길로는 부족하다는 걸, 여러 경험을 통해 조금씩 깨닫게 되었다.

그래서 한 가지 일만 파고드는 대신, 여러 일을 병행하며 각 분야가 서로에게 영감을 주고 부족한 부분을 채워주고 있다. 덕분에 강의가 끝난 후에는 나만의 시간 속에서 또 다른 도전을 이어가고 있다. 지금 내가 하는 일만 해도 시간강사, 온라인 교원, 교수, 관광두레 PD, 기자단, 청년·도민 위원회 활동가, 청년단체 대표, 공인중개사 및 법인 대표, 작가 등 8가지가 넘는다.

그렇게 다양한 일을 하다 보니, 사람들은 나를 '팔색조 수진'이라 부르기까지 한다. 하지만 멀리서 보면 화려해 보이는 이 길도, 막상 이 자리에 오기까지 결코 쉽지 않았다.

수많은 고난과 눈물, 차별과 불합리 속에서도 포기하지 않고 끝까지 버텨냈다. 그런데 문득 돌아보면, 이 모든 순간이 나 혼자 걸어온 길은 아니었다.

힘들 때마다 내 곁을 지켜준 사람들, 묵묵히 응원해 준 가족과 친구들, 그리고 가르치는 동안 오히려 나에게 배움과 용기를 준 학생들까지. 그들이 있었기에 나는 버틸 수 있었고, 앞으로도 나아갈 수 있었다. 그리고 무엇보다, 그 모든 순간을 놓지 않고 걸어온 나 자신에게 조용히 박수를 보내고 싶다.

인생은 길다.
여전히 나는 시행착오 중이다.
조금은 서툴게, 때로는 망설이며 오늘도 배우고 있다.
그렇기에 앞으로의 내 이야기도 여전히 기대된다.
언젠가, 누군가에게 내 이야기가 작은 용기가 되었으면 한다.
그날을 꿈꾸며, 나는 오늘도 나만의 속도로 달려간다.

지금, 여러분은 어떤 도전을 하고 있나요?
혹시, 누군가의 기대에 머물러 있지는 않나요?

2부
마음과 마음 사이

김혜진

한국어 교육자, 언어 여행자
언어의 매력에 빠져 39년째
외국어를 공부하고 있는 중.
현재는 한국어 교원으로 활동하며
외국인 학습자들과 함께
언어와 문화 교류를 이어가고 있다.

인스타 @coreano_me_encanta

말은 세상과 나를 연결해주는 다리

언어에 빠지다 _ 긴 여정의 시작

선택의 기로 _ 꿈과 현실의 괴리

멈춰야 했던 시간 _ 건강, 육아와 경력 단절

다시 나를 채우다 _ 작은 도전들

한국어 교육자로 살기 _ 나만의 길 찾기

언어에 빠지다 _ 긴 여정의 시작

　기억조차 흐릿한 어린 시절부터 나는 외국어를 자유롭게 구사하는 사람이 되고 싶었다. 어릴 적 TV에서 우연히 본 다큐멘터리나 해외 특파원들이 현지인들과 대화하는 장면은 나에게 강한 인상을 남겼다. 그들은 마치 다른 두 개의 세계를 자유로이 오가는 마법사처럼 보였다.

　영어와의 첫 만남은 초등학교 3학년 특별활동 시간이었다. "Hello", "Thank you", "I like apples" 같은 짧은 문장들을 배웠 다. 단어 하나하나가 마치 낯선 세상과 나를 이어주는 다리 같았다.

　5학년부터는 방과 후에 영어 수업을 받았다. 'Old MacDonald Had a Farm'이나 'Head, Shoulders, Knees and Toes' 같은 노래를 배웠다. 노래를 배우면서 영어의 리듬과 발음을 익혔다. 그리고 영어 그림책에서는 영어의 재미도 발견했다.

특히 기억에 남는 건 선생님께서 한 페이지짜리 짧은 글을 통째로 외우도록 하셨던 일이다. 처음엔 무척 어렵고 부담스러웠다. 하지만 익숙해질수록 점점 재미가 붙었다. 그 수업이 내가 언어 배우는 것이 재미있다고 느낀 첫 번째 경험이었다.

중학교에 진학하면서 영어 수업은 문법 중심으로 바뀌었다. 주로 어휘와 문장을 외우고, 문법 규칙을 익혀 문제를 풀었다. 언어라기보다는 공식을 대입하여 푸는 수학 문제 같았다.

그래도 영어는 여전히 흥미로웠다. 짧은 문장에서 긴 문장으로 확장해 가는 과정이 마치 퍼즐을 맞추는 듯한 재미를 주었다. 하지만 이런 문법 중심의 공부는 실질적인 영어 실력 향상에 제한이 되었다. 영어 성적은 항상 상위권이었지만, 정작 외국인을 만나면 말 한마디 꺼내기 힘들었다. 거기에는 내성적인 성격도 한몫을 했다. 그리고 당시에는 주변에서 외국인을 친구나 이웃으로 만날 기회도 사실상 거의 없었다.

고등학교 진학을 앞두고 나는 외국어 고등학교에 진학하기로 결심했다. 외국어에 관심이 많기도 했고, 일반고를 졸업하면 대학 입학이 어렵다는 이야기를 들었기 때문이었다.

외고에 입학하면서 전공 외국어를 선택해야 했다. 그 무렵 학교에서 가장 실력이 좋은 학생들이 많다는 독일어과와 프랑스어과에 지원했지만 두 곳 모두 떨어졌다.

1, 2지망에서 떨어지면 학교에서 임의로 전공을 정해준다. 나는 스페인어과에 배정 받았다. 처음에는 1, 2지망에서 떨어졌다는 데에 실망했다. 스페인어에 대해서도 아는 것이 거의 없었다. 하지만 이것이 내 인생의 큰 전환점이 되리라고는 상상도 못했다.

스페인어 첫 수업 시간, 선생님께서는 세계 지도를 칠판에 그리시며 말씀하셨다.
"여러분, 스페인어는 전 세계 20개국 이상에서 공용어로 사용되는, 영어 다음으로 널리 쓰이는 언어입니다."
그 말씀에 나는 깜짝 놀랐다. 스페인뿐만 아니라 멕시코, 콜롬비아, 아르헨티나 등 라틴 아메리카 대부분의 국가에서 스페인어를 사용한다는 사실을 처음 알게 되었다. 그 순간부터 스페인어에 대한 나의 인식이 완전히 바뀌었다.

선생님은 스페인과 라틴 아메리카의 문화, 역사, 음악까지 함께 알려주셨다. 특히 기억에 남는 것은 스페인의 축제 문화에 대한 수업이었다. 선생님은 스페인에 왜 그렇게 많은 축제가 있는지 설명하시며 재미있는 옛 이야기 하나를 들려주셨다.
"옛날 스페인에 어떤 사형수가 있었어요. 사형 집행 전에 그에게 마지막 소원을 물었죠. 그런데 이 사형수가 뭐라고 했는지 아세요? '축제가 없는 날에 죽게 해 주십시오.'라고 말했답니다." 교실에 잠시 침묵이 흐르자, 선생님은 의미심장한 미소를 지으며 말을 이으셨다.

"그래서 결과가 어떻게 되었을까요? 그 사형수는 결국 죽지 않았다고 합니다. 스페인에는 축제가 없는 날이 단 하루도 없었기 때문이에요."

이 단순한 이야기 하나로 스페인에 축제가 많다는 사실이 내 머릿속에 깊이 새겨졌다. 스페인 사람들에게 축제는 특별한 날이 아니라 일상의 일부라는 것을 배웠다.

언어를 배우는 것은 단어와 문법만 외우는 일이 아니었다. 그 나라 사람들의 삶의 방식과 가치관을 이해하는 것이기도 했다. 선생님의 이런 수업 덕분에, 스페인어는 그저 외워야 할 대상이 아닌, 살아있는 언어로 느껴졌다.

처음에는 그저 멋있어 보여서 시작한 외국어 공부였다. 그런데 언어와의 만남은 내 인생에 큰 영향을 주었다. 10살에 배운 영어를 시작으로 다음에는 스페인어, 그 후로도 여러 언어를 조금씩 배우고 있다. 중간에 약 10년 정도 외국어 공부를 전혀 하지 않은 시기도 있었다. 그렇지만 약 40여 년이 지난 지금까지도 나는 여전히 언어의 매력에 빠져 있다. 언어는 단순한 도구가 아닌, 내 삶의 중요한 부분이 되었다.

선택의 기로 _ 꿈과 현실의 괴리

　어린 시절, 내 꿈은 분명했다. 나는 국제회의에서 통역하거나 외교 현장에서 문화 간 가교 역할을 하고 싶었다. 세계를 무대로 활동하는 모습을 상상하며 오랫동안 그 꿈을 간직했다.
　대학에서는 언어 외에 다른 전공을 하고 싶었다. 외국어 실력은 다른 능력과 어우러질 때 시너지를 낸다. 그러나 외국어 능력만으로는 그 진가를 제대로 인정받지 못할 때가 많기 때문이었다. 하지만 수학 과목에서 큰 어려움을 겪으면서 스페인어를 다시 전공으로 선택했다. 외고 졸업생이 관련 언어를 전공하면 입시에 유리하다는 현실적인 이유도 있었다.
　대학에 가서는 스페인어와 스페인어를 쓰는 여러 나라의 매력에 더 빠져들었다. 외국어를 잘해서 국제 관계 관련 학과로 유학을 가거나 통번역 대학원에 가고 싶었다. 그러나 유학과 대학원을 준비하기 위해선 높은 수준의 외국어 실력과 경제적 여유가 모두 필요했다. 가정 형편이 어려워지면서 그 모든 것이 나에게는 높은 장벽처럼 느껴졌다.

어학연수와 유학을 준비하고 싶었지만 그런 기회조차 좀처럼 허락되지 않았다. IMF로 인해 교환학생 프로그램이나 장학금 지원 같은 기회들도 거의 사라졌다. 유학 갔던 학생들도 다시 돌아오는 경우가 많았다.

대학 2학년 때, 더 이상 학비를 마련하지 못해 결국 휴학을 선택할 수밖에 없었다. 1년 동안 K카드회사 고객지원팀에서 전화 상담과 사무 보조 업무를 맡았다. 처음 경험하는 사회생활은 흥미로운 점도 있었다. 하지만 금융 계열의 일은 나와 맞지 않는다는 걸 이때 처음으로 깨달았다. 그러나 그때는 그런 깨달음보다 학비 마련이 더 시급했다.

휴학 기간 동안 번 돈으로 겨우 학비를 충당하고, 성적 장학금을 받으며 조기졸업을 선택했다. 성적이 좋아 조기졸업이 가능했다는 점은 자랑스러웠다. 하지만 한편으로는 아쉬움도 컸다. 경제적인 이유만 아니었다면, 남들처럼 마지막 학기까지 충실히 공부하고 싶었다.

마지막 학기는 유난히 무겁고 힘든 시간이었다. 특히 한 과목 때문에 졸업을 못 할지도 모른다는 압박감이 나를 짓눌렀다. 책을 펼쳐 놓고 읽으면서도 내용이 머리에 들어오지 않았다.

눈 앞에는 당장 내야 할 지도 모를 등록금 고지서만 아른거렸다. 그 과목 때문에 대학 졸업장을 포기해야 할지도 모른다는 불안감이 엄습했다.

시험장에서는 극도의 긴장감에 펜을 쥔 손이 심하게 떨려 글을 제대로 쓸 수 없었다. 잠시 눈을 감고 깊이 숨을 들이마셨다.

'이 시험만 통과하면 된다. 이 시험만...'

떨리는 손으로 펜을 다시 쥐고 한 문제씩 풀기 시작했다. 잠시 멈춰 숨을 고르고 다시 시험을 치러야 했던 그 순간이 아직도 생생하다. 꿈을 향해 한 걸음씩 나아가고 싶었지만, 현실의 벽은 생각보다 훨씬 더 높고 단단했다.

대학 졸업을 앞두고, 대부분의 동기들처럼 나도 취업 준비와 자격증 취득에 매진했다. 외국어 실력이 완벽하지는 않았지만 기본기는 갖추고 있었다. 그래서 전공을 살릴 수 있는 일자리도 찾아보았다. 몇 번의 기회가 있었지만, 아쉽게도 실제 취업으로는 이어지지 않았다.

언어 전공자들에게는 무역회사나 금융 계열이 주된 진출 경로였다. 우리 과 선배들도 대부분 그 길을 선택했다. 하지만 나는 다른 길을 찾고 싶었다. 단순 반복적인 일이나 서류 더미에 파묻혀 지내는 일상은 내가 꿈꾸던 모습과는 거리가 멀었다.

그러던 중, 우연히 정부에서 지원하는 웹디자이너 양성 과정을 발견했다. 처음 접하는 분야라 생소하고 낯설었지만 재미있어 보였다. 그리고 취업 지원도 해 준다고 하여 새로운 도전을 해 보기로 했다.

처음 포토샵을 열었을 때의 기억이 아직도 생생히 떠오른다. 낯선 화면과 아이콘들로 가득한 인터페이스는 마치 처음 외국에 도착한 여행자를 압도하는 풍경 같았다. '과연 내가 이 프로그램을 다룰 수 있을까?'라는 의구심도 들었다. 하지만 이러한 낯섦과 두려움은 곧 설렘으로 바뀌었다. 색을 조정하고, 글자 크기를 바꾸는 단순한 작업에서도 새로움이 느껴졌다.

웹디자인은 날마다 새로운 도전이었다. 색 하나, 폰트 하나를 바꾸는 것만으로도 전체 화면의 분위기가 완전히 달라진다는 것이 흥미로웠다. 특히 이론과 책으로만 공부하던 내가 실제로 '무언가를 직접 만들어 낸다'는 사실은 특별한 성취감을 주었다.

나에게 웹디자인은 그저 기술이 아닌, 또 다른 형태의 언어처럼 느껴졌다. 말과 글 대신 색과 공간, 배치와 여백으로 이야기를 전하는 특별한 언어였다. 외국어를 처음 배울 때 느꼈던 설렘과 재미가 다시 살아나는 듯했다.

돌이켜 생각해보면, 나는 다양한 언어로 세상과 소통하고 있었다. 때로는 단어로, 때로는 색채로, 때로는 코드로, 표현 방식은 달라도 모두 나만의 방식으로 세상과 이어지기 위한 시도였다.

멈춰야 했던 시간 _ 건강, 육아와 경력 단절

웹디자인 일을 하면서 하루 종일 컴퓨터 앞에 앉아 있는 생활이 계속되었다. 그러자 어느 날부터인가 어깨와 팔, 손목에 묵직한 통증이 찾아왔다. 처음에는 단순한 피로겠거니 하고 넘겼다. 하지만 통증은 점점 더 심해졌고, 마우스를 클릭하는 것조차 부담스러울 정도로 악화되었다.

그 무렵은 이런 통증이 이제 막 세상에 알려지기 시작한 시기였다. 질환의 원인이나 해결책을 찾기란 너무 어려웠다. 병원을 찾아가도 정확한 진단이나 치료를 받기 힘들었다. 1년 넘도록 치료를 받는데도 눈에 띄는 호전은 없었다.

몸의 한계는 마음에도 영향을 주었다. 통증이 지속될수록 내가 하고 있는 일에 대한 회의감도 조금씩 깊어졌다. 내가 좋아서 시작했던 일이었다. 하지만 매일 반복되는 작업과 무리한 일정으로 점점 나는 지쳐갔다. 결국 3년간 이어온 웹디자인 일을 그만두게 되었다.

그때는 영원히 그 일을 하지 않겠다고 결심한 것은 아니었다. 프리랜서로라도 조금씩 이어갈 수 있을 거라 믿었다. 하지만 그 생각은 현실 앞에서 금세 꺾이고 말았다.

웹디자인 작업을 하려면 고사양의 컴퓨터와 고가의 소프트웨어가 필수였다. 지금처럼 누구나 쉽게 프로그램을 구입하고 작업할 수 있는 환경이 아니었다. 새로운 장비를 마련하는 것은 경제적으로 큰 부담이었다.

지금은 기술이 좋아지고 가격도 많이 내려갔지만, 그때는 그 모든 것이 벽처럼 느껴졌다. 그렇게 물리적인 제약과 마음속 갈등이 겹치며 자연스레 일에서 멀어졌다.

그러는 중에 아이가 태어났다. 어느 순간부터 나의 하루가 아이의 시간표에 맞춰 돌아가기 시작했다. 지인을 통해 잠깐씩 일이 들어오는 경우도 있었다. 짧게는 프리랜서로, 또 가끔은 단기 계약직으로 일하기도 했다. 하지만 일과 육아를 병행하는 건 상상 이상으로 벅찼다. 일에 복귀했다는 느낌은 좋았지만, 아이가 너무 어려서 늘 마음이 불안했다.

그러던 어느 날, 아이 친구 엄마가 어린이집을 함께 보러 가자고 제안했다. 순간 반가웠다. '나도 이제 아이를 맡기고 뭔가 다시 시작할 수 있지 않을까?' 하는 생각이 들었다.

하지만 막상 찾아간 어린이집의 현실은 기대와 달랐다. 좁은 공간과 어수선한 분위기 등, 아이를 맡기기에는 걱정되는 점이 너무 많았다. 그 순간, 지금은 내가 곁에서 아이를 돌보는 편이 더 낫겠다는 생각이 마음속 깊이 자리 잡았다. 일을 좀 늦게 시작하더라도 아이가 어느 정도 자랄 때까지는 내가 곁에 있어야겠다는 생각이 들었다.

그렇게 나의 선택이라 믿었던 일들이 쌓이고 쌓여갔다. 어느 날 문득 돌아보니, 10년이 넘는 시간이 지나 있었다. 아이는 훌쩍 커 있었고, 나는 여전히 그 시간에 머물러 있는 기분이었다.

내 마음은 변하지 않았지만, 세상은 빠른 속도로 변하고 있었다. 나는 잠시 멈췄을 뿐인데도 세상은 이미 멀리 달려가 버린 것 같았다. 다시 일을 시작하려고 생각해 보기도 했다. 하지만 무엇부터 해야 할지 막막했다.

'내가 할 수 있는 건 뭘까?'

'지금 시작하면 너무 늦은 건 아닐까?'

하는 생각이 자꾸만 마음 한구석에 떠올랐다.

그러던 어느 날, 우연히 구청 공무원이 쓴 안내문을 읽게 되었다. 그런데 문장이 지나치게 딱딱하고 복잡해서 잘 이해가 되지 않았다. 순간 '내가 너무 공부를 안 했나?', '내 머리가 굳어버린 건 아닐까?' 라는 생각이 들었다. 나만 뒤처진 건 아닌가 싶어

괜히 위축됐다.

그런데 나중에 다른 사람들도 그 문서가 어렵다고 말하는 걸 듣고 나서야, 그건 나만의 문제가 아니었다는 걸 깨달았다. 괜히 혼자 '뒤처졌다'고 자책했던 내 모습이 조금은 우스워지기도 했다. 나는 무능해진 것이 아니었다. 다만 세상의 빠른 변화가 때로는 사람에 대한 배려를 잊게 만든다는 것을 깨달았다. 이 깨달음이 작은 위로가 되었다.

아이와 함께 보낸 시간들을 후회하지는 않는다. 그건 내 인생에서 가장 따뜻하고 소중한 순간들이었고, 어떤 일과도 바꿀 수 없는 기억이다. 하지만 그 시간들이 길어질수록, 내 안에는 조용히 흔들리는 또 다른 감정도 있었다.

'나는 지금 무엇을 할 수 있을까?'

'이제 시작하면 늦지 않을까?'

하는 질문이 끊임없이 떠올랐다.

'경력 단절 여성'. 그 말 한 마디가 나의 정체성을 규정하고 있는 것 같았다. 나는 끊임없이 배우고 나름대로 성장하고 있었는데, 사회에서 부여한 그 이름표가 내 가능성까지 제한하고 있는 것만 같았다.

하지만 다시 생각해 보면, 그 시간은 세상과의 단절을 의미하는 것이 아니었다. 나를 다시 일으키기 위한 숨 고르기 같은 거였다. 겉으로 보기엔 조용하고 아무것도 하지 않는 것처럼 보였지만 내 안에 있던 열정은 사그라들지 않고 조용히 살아 있었다. 그 불씨는 느리지만 분명한 걸음으로 새로운 배움과 도전으로 이어졌고, 마침내 나를 다시 움직일 수 있었다.

다시 나를 채우다 _ 작은 도전들

아이가 학교에 다니기 시작하면서, 내 일상에도 조금씩 여유가 생겼다. 긴 시간 동안 나는 온전히 '엄마'의 역할에만 집중했다. 그런데 드디어 나만의 시간이 생긴 것이다.

기회가 오기를 그저 기다리기보다는 할 수 있는 것부터 시작하기로 했다. 그래서 컴퓨터 활용, 글쓰기, 역사 관련 자격증을 따기 시작했다. 정부에서 운영하는 각종 직업 훈련 과정에도 참여했다. 하지만 이런 노력들이 곧바로 취업으로 이어지지는 않았다. 공부방이나 개인 교습도 생각해 봤다. 그러나 공간과 자금이 부족했고, 수강생 모집에 대한 두려움도 컸다.

이 시기에 인천 여성복지회관에서 운영하던 코딩 교사 양성 과정에 참여했다. 완전히 새로운 분야라 따라가기가 쉽지는 않았다. 그러나 매 수업이 흥미롭고 도전적이었다.

과정을 마친 뒤, 어떤 초등학교에서 겨울방학 특강을 맡았다. 방과 후 코딩 강사로도 일했다. 짧지만 실제 교실 수업의 경험도 쌓았다. 그러나 수업 준비와 출퇴근시간, 적은 학생 수 등 여러 어려움 속에 1학기만에 그만두어야 했다. 그렇지만 그 경험은 나중에 초등학교 한국어 강사로 일할 수 있는 연결 고리가 되어 주었다.

그러던 중 문득 깨달았다. 내가 가장 오래 해왔고 가장 잘 할 수 있는 것은 외국어였다. '송충이는 솔잎을 먹는다'는 말처럼, 나에게 가장 자연스러운 재료는 외국어였다. 이번에는 단순한 공부가 아닌, 직업으로 연결해 보겠다는 각오로 시작했다.

외국어 공부를 본격적으로 다시 시작할 무렵, 네이버 카페의 영어 공부 모임에 참여하였다. 거기서 만난 '퍼스널 브랜딩'을 강조하던 운영자를 통해 새로운 외국어 프로젝트에 참여할 기회를 얻었다.

영어 실력을 키우는 것은 물론, 언어로 자신만의 콘텐츠를 만들어가는 사람들을 보며 큰 자극을 받았다. 언어가 단순한 지식이 아니라, 사람과 사람을 연결하는 힘임을 커뮤니티를 통해 느꼈다.

그 무렵 처음으로 언어교환 모임이 있다는 것을 알게 되었다. 'Meetup'과 같은 플랫폼을 통해 외국인 친구들과 교류하기 시작했다. 채팅을 하거나 직접 만나면서 실제로 외국어를 사용하는 연습을 했다. 처음에는 영어로만 시작했지만, 점차 스페인어까지 영역을 넓혔다. 한 번에 여러 개의 채팅 창을 동시에 열고 영어와 스페인어를 오가며 대화했다. 어색하고 서툴렀던 처음과는 달리, 시간이 지날수록 언어 감각이 살아나는 것을 느낄 수 있었다.

이 과정은 단순한 연습이 아니었다. 채팅 앱을 통해 실시간으로 교정 피드백을 받았고, 작문 첨삭과 화상 통화를 통해 실력을 다듬었다. 말보다는 글로 더 많이 표현했다. 그렇지만 그 덕분에 더 깊이 사고하고, 나의 생각과 감정을 정확히 전달하는 연습을 할 수 있었다. 이를 통해, 언어는 단지 단어의 조합이 아니라, 문화와 사고방식, 세계관을 담고 있다는 것을 실감했다.

이러한 경험은 나의 시야를 크게 넓혀주었다. 이전에는 한국 사회에 대한 부정적인 생각이 컸다. 힘든 현실과 경쟁 속에서 나 역시 "헬 조선"이라는 말을 무의식적으로 사용하곤 했었다.

그러나 외국인 친구들의 시선을 통해 다시 본 한국은 전혀 다른 모습이었다. 그들은 한국의 문화, 교육, 안전, 기술 수준 등에 감탄했다. 그들의 이야기를 들으며 나도 모르게 내가 살고 있는 이 나라를 다시 바라볼 수 있었다. 그들에게 한국은 꿈의 목적지와도 같았다. 내 삶의 터전인 이곳이 누군가에게는 그토록 매력적인 나라일 수 있다는 사실이 새삼 놀라웠다.

대화를 나누는 친구들 중에서는 한국어를 배우고 있는 이들도 많았다. 처음에는 간단한 문법을 알려주거나 발음을 교정해

주는 정도의 작은 도움을 주었다. 그러다가 점차 그들의 수준에 맞는 설명과 자료를 준비했다. 그 과정이 뜻밖에도 즐겁고 보람 있었다. 외국어를 공부하며 겪었던 경험이 이제는 다른 사람에게 도움이 될 수 있다는 사실을 새삼 느꼈다.

이런 경험을 통해, 나는 한국어 교육이라는 새로운 가능성을 발견했다. 처음에는 이주민센터에서 자원봉사로 수업을 시작했다. 2년이라는 시간 동안 다양한 학습자들을 만나며 실제 교육 경험을 쌓았다. 이후 초등학교에서 한국어 강사로 일할 기회가 찾아왔다.

경제 활동을 다시 시작한 것은 또 다른 기회를 열어주었다. 오랫동안 꿈꿔 왔던 석사 과정 진학이 바로 그것이다. 이로 인해 이론과 실무를 병행하며 전문성을 갖춘 교육자로 성장할 수 있는 길이 열린 것이다.

돌이켜 보면, 외국어를 다시 시작했던 그 선택은 단순히 과거로 돌아가는 것이 아니었다. 방과 후 코딩 강사로 일했던 경험, 언어교환 모임에서의 대화, 외국인 친구들과의 교류, 이주민센터에서의 수업까지. 처음에는 서로 관계없어 보였던 이 모든 경험들이 하나의 선으로 이어지며 지금의 나를 만들어주었다.

당시에는 실패처럼 보였던 순간들과 끊임없는 시도들이 결국에는 내 길을 찾아가는 데 꼭 필요한 디딤돌이 되어 주었다. 그 모든 우연 같은 선택들이 지금 와서 보니 필연이었던 것처럼 느껴진다. 나는 여전히 배우는 중이다. 그리고 '늦었다고 생각할 때가 가장 빠른 때이다.'라는 말을 실감하고 있다.

한국어 교육자로 살기 _ 나만의 길 찾기

　외국인 친구들과의 언어 교류는 새로운 시각을 갖게 해 주었다. 친구들에게 한국어를 알려 주면서, 내 모국어인 한국어를 더 깊이 들여다보았다. 단순히 '아는 대로' 설명하는 것은 부족했다.
　한국어를 외국인 시각으로 바라보았다. 그리고 이를 체계적으로 설명하려고 노력했다. 그러다 보니 내가 한국어를 잘 모른다는 것을 깨달았다. 이런 경험들이 쌓이면서 '한국어 교육'이라는 새로운 진로가 내 앞에 모습을 드러내기 시작했다. 직업으로의 첫 시작은 한국어 교원 자격증에 도전한 것이다.
　인천평생학습관에 개설된 한국어 교원 3급 양성과정을 수료하였다. 이 과정은 대학 전공 수업을 6개월로 압축해 놓은 것이나 다름없었다. 방대한 내용을 이해하고 소화하기는 쉽지 않았다. 그래서 스터디 그룹을 만들었다. 다른 분들과 함께 공부한 끝에 3급 자격증을 취득할 수 있었다.

처음에는 3급 자격증만으로도 취업이 가능하리라 기대했다. 하지만 2급 자격증 소지자도 많았고, 석사 학위를 가진 사람들도 넘쳐났다.

어느 날, 3급 과정을 함께 공부했던 지인에게서 연락이 왔다. 그분의 소개로 이주민센터에서 봉사활동을 시작했다. 이주민센터에서의 봉사활동은 이론을 실제로 적용해 볼 수 있는 소중한 기회였다. 다양한 배경을 가진 학습자들의 필요와 학습 스타일을 알 수 있었다. 또 교육자로서의 실질적인 역량을 키울 수 있었다. 특히 그들의 한국 생활 적응을 돕는 과정에서 언어 교육이 단순한 지식 전달을 넘어 문화적, 사회적 가교 역할을 한다는 것을 깊이 체감했다.

봉사활동을 하면서 좀 더 전문성을 갖추고 싶어서 2급 과정에도 도전했다. 온·오프라인을 병행하여 이론은 물론 실습 경험도 쌓았다. 하지만 2급 자격증을 취득해도 상황은 크게 달라지지 않았다. 업계의 구조적인 한계와 보수적인 채용 방식 때문이었다. 이미 석사 출신이 많고, 학점은행제 출신은 대학 채용에서 배제되었다. 센터나 다문화기관에서는 2급이면 가능한 경우도 있었지만, 그 마저도 석사 선호도가 높았다.

이대로 이 길을 계속 가야 할지 고민하던 시기에 우연히 '코딩 교사 양성과정'을 알게 되었다. 과정 수료 후 방과 후 강사로 잠깐 활동했는데, 그 경험이 계기가 되어 초등학교 한국어 강사로 채용되었다. 여러 자격증과 경력, 그리고 비서울 지역이라는 특수성이 긍정적인 평가를 받았던 것 같다.

초등학교에서 학생들을 가르치면서 언어교육자로서 보람을 느꼈다. 하지만 학교 수업은 대부분 언어교육보다는 생활지도에 가까웠다. 내가 진정으로 하고 싶은 일은 언어 그 자체를 가르치는 일이었다. 이를 위해서는 대학에서 강의할 수 있는 자격과 전문성이 필요했다. 그래서 석사 과정에 지원하였다.

첫 학기에는 방과 후 교사와 병행하느라 석사를 시작하지 못했지만, 그 다음 해부터 본격적으로 석사 과정을 시작했다. 수업을 들으면서 동시에 아이들을 가르친 덕분에 이론과 현장이 연결되어 배움이 훨씬 입체적이었다. 과제 역시 실무와 연계된 주제로 다뤘기 때문에 재미도 있었고 실용성도 높았다.

논문을 준비하던 마지막 학기에 이사하면서 학교 강의를 그만두었다. 시간을 효율적으로 활용하기 위해 온라인 강의를 해보기로 했다. 초반에는 기술적인 어려움이 컸다. 하지만 멘토링 프로그램에 참여하면서 점차 자신감을 얻었다. 그리고 다른 온라인 교사들과의 네트워킹도 생겼다.

석사 과정을 시작할 당시에는 대학에서 강의하고 싶다는 꿈이 있었다. 그러나 국내에서 한국어 교사로 정규직을 구하는 것은 사실상 불가능에 가까웠다. 대학도 대부분 시간강사 형태로 채용하고 있었다. 게다가 계약 기간도 짧고 보수도 낮았다. 안정성과 지속 가능성이 보장되지 않는 대학 강의보다는 오히려 온라인 강의가 더 현실적이라고 판단했다.

여러 가지 제약은 있지만 나는 지금 하는 일이 좋다. 언어를 배우는 것이 좋고 사람들과의 소통이 즐거웠기 때문에 지금까지 올 수 있었다. 코딩 강사 경험은 학교 수업 경력으로, 웹디자이너 경험은 온라인 수업 자료나 홍보 자료를 만들 때 도움이 되고 있다. 그리고 무엇보다, 오랜 공백기를 지나 다시 사회 속으로 한 걸음 내딛을 수 있었다는 점에서 나에게는 큰 의미가 있는 경험이었다.

나처럼 오랫동안 아이를 키우느라고 일을 못하고 있는 분들도 많을 것이다. 내가 마지막으로 경제 활동을 한 것은 우리 아이가 2살 때쯤이었다. 봉사활동으로나마 활동을 시작할 때까지 사회 활동의 공백은 10년이 넘는다.

혹시라도 오래 쉬어서 일을 못 하겠다고 생각하시는 분들이 있다면 할 수 있는 일부터 시작해 보시라고 권해 드리고 싶다. 나를 다시 움직인 것은 거창한 시작이 아니었다. 아주 작은 용기와 하루하루의 작은 실천이었다. 그 작은 시작이 나중에는 어떤 연결 고리를 만들어 자신만의 일을 할 수 있게 될 거라고 생각한다.

강 담

가족소통 lifecoach
25년차 직장인이자, 10년간 직장인
선교단체 훈련코치로 활동했다.
현재는 가족 소통 에세이 블로그를 통해
독자들과 만나고 있다.

블로그 blog.naver.com/heungdam

사랑은 늘 곁에 있었다

서재방의 비밀 _ 아들에게 건넨 조용한 선물

추억의 가족사진 _ 아들이 준비한 최고의 선물

엄마 유치원 _ 엄마가 만든 단 하나뿐인 교실

남편이 아내에게 건넨 말 한마디

아내가 남편에게 전한 마음

서재방의 비밀 _ 아들에게 건넨 조용한 선물

잠을 설쳤다. 강원도 화천에서 군 복무 중인 아들을 만날 생각에 설렜던 모양이다. 나는 경기도 일산에서 새벽 5시쯤 고속도로 정체가 시작되기 전에 서둘러 차로 출발했다.

아들은 한달 전쯤 부대에서 풋살 경기를 하다가 발목을 다쳤고 인대 봉합 수술을 받아야 했다. 춘천에 있는 정형외과 병원에서 수술 받고 10일이 지난 후, 아들은 통깁스를 한 채 부대에 복귀해야 했다. 그리고 오늘은 수술한 지 3주 만에 통 깁스를 풀러 가는 날이었다.

X-ray 사진을 살펴 본 의사선생님이 깁스를 풀어도 되겠다고 했을 때, 아들과 나는 서로를 보며 미소 지었다. 아직은 군화를 신을 수 없어 한 쪽 발은 운동화를 신어야 했지만, 아들은 목발 없이 걸을 수 있게 된 것이 기뻤다.

병원을 나선 우리는 저녁 부대 복귀 시간 전까지 둘만의 데이트를 즐기기로 했다. 우리가 찾은 곳은 춘천대교를 건너 북한강 줄기 가운데 위치한 조그마한 섬 안의 운치 있는 카페였다. 주말 오후였지만, 아직은 추운 겨울인데다 한적한 곳에 자리잡은 것 때문인지 카페 안에는 우리 부자와 또 다른 젊은 커플만 있었다.

커피와 소금빵, 그리고 딸기에 달콤한 크림을 올려 놓은 조그마한 케이크를 함께 주문했다. 그리고 강 아래가 내려다보이는 창가 쪽 자리에서 유리를 통해 따뜻하게 들어오는 햇살을 받으며 아들과 마주 앉았다. 어린 시절 얘기를 나누다가 아들이 이렇게 물었다.

"아빠, 내가 어렸을 때 말이야, 엄마한테 혼나고 있으면 아빠가 서재방으로 나를 데리고 들어갔던 게 생각나."

"맞아. 그랬었지. 아빠도 생각나."

퇴근 후 집에 들어설 때, 묘한 냉기가 감돌 때가 있었다. 아내의 눈빛은 '오늘 무슨 일이 있었어요'라고 말하는 듯했고, 평소처럼 달려와 안기던 아들은 눈치를 보며 내 주변을 맴돌았다.

"그때 서재방에 들어가는 게 솔직히 좀 무서웠어."

"무서웠니?"

"응. 아빠가 들어가면 꼭 한참 동안 나랑 이야기했잖아. 혹시 또 혼날까 봐 걱정도 되고……"

"아, 그랬구나. 아빠는 네 마음이 어떤지 들어보고 싶었고, 아빠 생각도 이야기해 주고 싶었어. 그렇게 이야기하다 보면 너도 엄마도 좀 차분해지고, 아빠도 어떻게 해야 할지 알 수 있었거든."

그랬다. 아들이 잘못한 일이 있었던 날, 엄마는 아빠가 들어오면 분명히 그 일을 일러줄 테고 아들은 또 한 번 그 일로 아빠에게 혼날 일이 걱정이었다. 그럴 때면 나는 아들을 서재방으로 데리고 들어가곤 했다. 엄마의 꾸짖음에 잔뜩 움츠러든 아들의 상한 마음을 달래주고 싶었다. 동시에, 아직은 어리지만 아들의 생각도 존중하며, 감정적으로 격해진 상황을 객관적으로 바라볼 수 있도록 차분히 이야기 나눌 공간이 필요했다.

서재방에서의 시간은 때로는 길고 지루하게 느껴졌을지도 모른다. 하지만 그 시간을 통해 우리는 서로의 감정을 이해하고, 각자의 생각을 나눌 수 있었다. 서재방 문을 나설 때, 아들의 얼굴에는 이전의 불안함 대신 편안함이 깃들어 있었고, 한 뼘 더 자란 듯 성숙한 눈빛을 하고 있었다.

"그 시간이 너무 길어서 힘들긴 했는데, 그래도 아빠랑 얘기하다 보면 매는 안 맞을 거라는 생각이 들어서 좋았어."

"그거 엄마랑 미리 얘기가 된 거였어. 그렇게 하기로."

"응? 그랬어?"

먼 길을 달려 자신을 만나러 와 준 아빠를 보며, 아들은 문득 어린 시절 서재방에서 아빠와 함께했던 기억들을 떠올린 듯했다. 아들과 그 시절 얘기를 나누다 보니, 엄마의 매서운 꾸짖음에 잔뜩 겁먹은 아들을 데리고 서재방으로 향했던 순간들이 떠올랐다. 아들은 그 시간이 힘들었다고 했지만, 나는 아들에게 상처를 주지 않으면서도 필요한 이야기를 들려주고 싶었다.

결국, 무서웠던 엄마로부터 자신을 보호해 준 서재방이라는 공간은 부모의 배려가 담긴 합작품이었다는 것을 말이다. 그리고 지금, 아들은 그 당시 아빠의 숨겨진 마음을 알게 되었다. 춘천호의 잔잔한 물결처럼, 우리의 대화는 깊고 따뜻한 여운을 남기고 있었다. 아들은 당시 아빠의 역할에 늦게나마 찬사를 보내주었고 나는 말없이 미소로 답해주었다.

아들을 다시 부대에 데려다 주고 먼 길을 돌아 밤 11시가 지나 집에 도착했다. 피곤했지만, 마음 따뜻한 하루였다. 서재방은, 시간이 흐른 뒤에야 비로소 그 의미를 알게 된, 아버지의 조용한 사랑이자 소통의 공간이었다.

추억의 가족사진 _ 아들이 준비한 최고의 선물

둘째도 아들이었다. 딸을 기대한 마음도 있었지만, 기쁨이 더 컸다. 세 살 터울의 두 아들과 몸으로 놀아주는 일은 아빠인 나에게 큰 즐거움이었다.

"아들이 둘이면 목메달이라고?"

우리 부부는 동의할 수 없었다. 우리에게 두 아들은 세상 그 어떤 보석보다 소중했다.

둘째가 고등학생이 되던 해 가을 무렵이었다. 아들은 엄마 생일 선물이라며 15만원 상당의 <가족 스튜디오 사진 촬영권>을 내밀었다.

"엄마, 잘생긴 아들 곁에서 사진 찍는 거 좋아하잖아. 그래서 준비했어."

넉살 좋은 아들의 말에 우리 부부는 서로를 바라보며 미소를 지었다. 엄마가 그 선물을 얼마나 좋아할지 알고 있었다는 게 기특했다. 군 복무 중인 큰아들이 함께하지 못해 아쉬움은 남았지만, 아내는 둘째 아들의 따뜻한 마음에 감동한 듯 연신 미소를 지었다.

우리는 차분하고 단정한 느낌의 검은색과 흰색 계열 옷 한 벌, 그리고 편안하면서도 개성을 드러낼 수 있는 청바지에 각기 다른 색깔의 면 티셔츠를 준비해 갔다. 집에서 차로 15분 정도 걸려 도착한 스튜디오는 밝은 화이트 톤의 실내, 창가를 따라 놓인 아기자기한 소품들, 그리고 설렘이 가득한 공간이었다.

잠시 후 30대 중반 정도로 보이는 젊은 친구가 사진기를 목에 메고 우리를 반갑게 맞았다.

"놀랐습니다. 고등학생 나이에 어머님 생신 선물로 <가족 스튜디오 사진 촬영권>을 주문한 손님은 처음 봤거든요."

사진사는 아들이 기특한 생각을 했다며 칭찬했고, 우리 부부는 그런 아들이 대견했다. 우리는 준비해 간 옷을 서로에게 골라 주고 익살스러운 표정을 지으며 그날 100장도 넘게 셋이 함께, 그리고 둘씩 번갈아 가며 신나게 사진을 찍었다. 아들이 구입한 상품은 A4규격 액자 사진 1개와 절반 정도 크기의 사진 3장을 종이 액자로 제작해 주는 것이었다. 원본 파일은 선택한 사진 몇

장 정도만 이메일로 보내주는 것이 전부였다.

촬영 중 잠시 쉬고 있을 때, 사진사가 뜻밖의 말을 건넸다.
"원래는 선택한 사진 몇 장만 이메일로 보내드리는데요, 가족 분들이 너무 행복해 보여서 찍은 원본 파일 전부를 다 보내드릴게요. 인화를 원하시는 사진은 따로 골라서 알려주시고요."
사진사는 촬영 내내 우리 가족이 서로를 챙기고 웃음꽃을 피우는 모습이 보기 좋았다고 했다. 그의 뜻밖의 친절은 단순히 원본 파일을 받는 것을 넘어, 우리 가족의 행복한 순간을 응원하는 따뜻한 마음이 담긴 특별한 선물이 되었다.

그날, 아들과 나란히 찍은 사진 한 장은 액자에 담겨 지금도 안방 침대 머리맡을 지키고 있다. 매일 무심히 바라보던 사진 속 아들의 모습이 오늘따라 유난히 나를 닮아 듬직하게 느껴진다. 시간이 지나면서 우리는 그날의 사진을 여러 번 꺼내 보았다. 그 사진은 엄마의 수고와 사랑을 먹고 자란 아들이 엄마에게 화답해주는 감사의 표현이었고, 우리 가족의 사랑과 행복을 영원히 기억하게 해 주는 보물이 되었다.

엄마 유치원 _ 엄마가 만든 단 하나뿐인 교실

"엄마, 나도 노란 가방 메고 유치원 갈래~"

막내는 유치원에 가고 싶다며 떼를 쓰기 시작했다. 다섯 살이 되도록, 아들은 또래 친구들이 당연하게 다니는 어린이집조차 경험해보지 못했다. 엄마가 직장을 그만두고 오롯이 두 아들을 키우는 데 집중했기 때문이었다.

우리 부부는 둘째 아들을 유치원에 보내야 할 지 고민했다. 주변 친구들처럼 노란색 유치원 가방을 메고 싶어하는 아들의 마음을 알고 있었기 때문이다. 동네 유치원 두 곳을 찾아가 상담을 했다. 유치원 입학을 위해서는 대기를 해야 했고, 매달 드는 원비도 부담스러운 수준이었다.

이 즈음 홈스쿨링을 하는 가정에 초대받아 다녀온 아내가 내게 이렇게 말했다.

"여보, 우리가 집에서 유치원처럼 해보면 어떨까?"

"혹시라도 유치원에 보내지 않아서 아이가 또래 관계를 맺는 데 어려움을 느끼면 어떡하지?"

우리는 이 문제를 가지고 여러 날에 걸쳐 상의했고 결국 우리 가정에서 1년 동안 유치원을 해보기로 마음먹었다.

유치원 이름은 <엄마 유치원>으로 정했다. 매일매일의 커리큘럼도 정했다. 동화책 읽어주기, 그림 그리기, 요리하기, 그리고 현장학습도 빼놓지 않고 일정에 넣었다. 한쪽 벽 기둥에는 <엄마 유치원>이라는 글씨를 새긴 나무 팻말을, 벽 중앙에는 '해바라기 반 강채겸' 이라는 이름표를 붙여 놓았다. 거실에는 기다란 책상용 테이블을 펼쳐 놓았고 벽 전면에는 곰돌이 푸 그림 벽지를 붙여 유치원 교실처럼 꾸몄다.

유치원 느낌이 나는 노란색 가방과 학부모에게 전달할 때 쓰는 알림장 수첩도 마련했다. 아이와 공부할 때 사용할 만한 학습자료는 유치원 교사였던 아는 동생이 잔뜩 보내주었다.

"겸아, 우리 집에서 <엄마 유치원>을 할거야. 엄마가 유치원 선생님이 되는 거지."

아들은 기대했던 노란 가방을 메고 진짜 유치원에 가는 것이 아니라는 사실에 살짝 실망한 듯했지만, 엄마의 설명을 듣고는 고개를 끄덕였다.

드디어 <엄마 유치원> 개원 날이었다. 아침에 일어나 밥을 먹고 9시쯤 되었을 무렵, 아들은 유치원 가방을 메고 엄마에게 인사했다.

"엄마, 유치원 다녀오겠습니다."

"겸아, 유치원 잘 다녀와~."

아들이 제 방으로 들어가 베란다 문을 열고 다시 거실로 나오면, 신기하게도 우리 집은 <엄마 유치원>이라는 특별한 공간으로 변신해 있었고, 엄마는 따뜻한 미소로 맞이하는 선생님이 되어 있었다

"선생님, 안녕하세요?"

"채겸아, 어서 와. 유치원에 온 걸 환영해~."

<엄마 유치원>에서의 하루하루는 아이에게 새로운 즐거움과 배움의 연속이었다. 작은 손으로 밀가루를 반죽해 빵을 만들고, 알록달록 색연필로 그림을 그리며 상상의 나래를 펼쳤다. 현장학습은 또 다른 기쁨을 제공해 주었다. 동네 공원에서는 이름 모를 들꽃을 관찰하고, 할아버지 텃밭에서는 흙을 만지며 자연을 배웠다.

하지만 유치원이 시작된 지 한 달쯤 되었을 무렵, 아들은 문득 시무룩한 표정으로 이렇게 말했다.

"엄마, 이건 진짜 유치원이 아니잖아."

아들의 말에 아내는 당황스러웠다. 저녁 식탁에 마주 앉은 우리 부부는 어떻게 하면 아들의 마음을 다시 돌릴 수 있을지 상의했다. 그리고 아들을 불렀다.

"겸아, <엄마 유치원>은 세상에 단 하나뿐인 특별한 유치원이야. 생각해 봐. 다른 친구들이 다니는 유치원은 아이들은 여러 명이고 선생님은 한 분이잖아. 그래서 친구들이 선생님한테 하고 싶은 말이 있어도 선생님이 모든 친구들 얘기를 다 들어 줄 수가 없어. 그런데 선생님은 겸이만 돌보면 되니까 너의 모든 얘기를 다 들어 줄 수 있어."

처음에는 풀이 죽은 듯 고개를 숙이고 있던 아들은, 엄마의 따뜻한 목소리로 '세상에 단 하나뿐인 특별한 유치원'이라는 말을 듣자, 조금씩 눈을 동그랗게 뜨며 호기심을 보이기 시작했다.

다음 날 아침, 아들은 평소보다 일찍 가방을 메고 <엄마 유치원>으로 달려갔다.

"선생님, 오늘은 어떤 재미있는 놀이를 할 거에요?"

그날 이후, 아들은 더욱 적극적으로 유치원 활동에 참여했고, 매일 새로운 것을 배우고 경험하며 즐거운 시간을 보낼 수 있었다.

우리 부부는 유치원 선생님이자 학부모로서 아들에게 더욱 많은 칭찬과 격려를 아끼지 않았고, 알림장을 통해 서로 소통하며 아이의 성장을 함께 응원했다. 엄마 선생님이 알림장에 '채겸이가 오늘도 유치원 수업에 즐겁게 참여했어요. 칭찬해 주세요.'라고 적어 보내면, 아빠는 그 아래에 '선생님, 채겸이가 즐거워하니 저도 기쁩니다. 늘 사랑과 정성으로 돌봐주셔서 감사합니다'라고 답글을 남겼다. 선생님과 주고받는 알림장에는 칭찬과 감사, 그리고 서로를 격려하는 따뜻한 말들이 가득 채워졌다.

우리 집 유치원이 진행되는 동안 위층에 살던 겸이 친구의 엄마가 자기 아이도 <엄마 유치원>에 함께 다닐 수 있게 해 달라고 몇 번이나 말했던 적이 있었다. 아내는 다른 아이까지 맡는 것은 현실적으로 어렵다고 판단하여 정중하게 거절했고, 그런 엄마를 보며 아들은 자신만의 특별한 유치원에 다니는 것에 더욱 큰 자부심을 느꼈다.

아들은 <엄마 유치원>의 하루하루를 진심으로 즐거워했다. 부모의 칭찬과 격려 속에서 몸과 마음이 무럭무럭 자라나고 있었다. 그렇게 1년의 시간이 흘렀다.

아들은 이듬해 만 여섯 살이 되어 초등학교 병설유치원에 입학했다. 새롭게 만난 친구들과 금새 친해졌고 즐겁게 지냈다. 그리고 <엄마 유치원> 졸업생답게 친구들과의 관계 속에서 주도적인 역할을 잘 해냈다.

<엄마 유치원> 1년의 시간을 함께 보내면서, 나는 아내가 존경스러웠다. 엄마의 역할 만으로도 버거운 것이 현실인데, 유치원 선생님의 역할까지 감당해내는 모습이 놀라웠다. 세상에 단 하나뿐인 <엄마 유치원>은 우리 가족에게 단순한 1년간의 유치원을 넘어서는 의미가 있었다.

엄마와 아들이 서로의 마음을 깊이 들여다보고 안아줄 수 있었던 진정한 소통의 공간이었고, 아이에게는 세상에서 가장 특별한 선물이자 우리 가족에게는 잊지 못할 소중한 추억으로 남았다.

남편이 아내에게 건넨 말 한마디

아내는 삶의 연륜과 지혜가 느껴지는, 그야말로 인생의 고수였다. 하지만 그런 아내에게도 몇 가지 어려워하는 것이 있었다. 영어 단어만 보면 머리가 하얗게 질렸고, 책을 펼치기만 하면 졸음이 쏟아졌으며, 많은 사람 앞에서 마이크를 잡는 것을 많이 힘들어했다. 다행히 이 세 가지는 내가 비교적 잘 해낼 수 있는 부분이었다.

아내는 영어 울렁증이 있었다. 글을 읽다가 영어 단어가 적힌 문장을 보거나 대화 중에 상대방이 영어 단어를 섞어 말하게 될 때면 당황스러워했다.

결혼 전, 연애 시절부터 아내는 자신의 어려움을 솔직하게 이야기했고, 나는 그 내용을 잘 기억하고 있었다. 여러 사람이 함께

하는 자리에서 대화 중 영어 단어가 튀어나올 때면, 나는 재빨리 아내의 귓가에 쉬운 말로 그 의미를 설명해주곤 했다. 그때마다 아내는 환하게 웃으며 고마움을 표현했고, 덕분에 대화의 흐름을 놓치지 않을 수 있었다.

모임을 마치고 집에 돌아오는 길에 아내는 속상한 듯 말했다.
"나도 영어를 잘하고 싶은데, 왜 이렇게 어려운 걸까?"
"괜찮아, 내가 옆에 있잖아."
나는 아내의 어깨를 토닥이면서 말했다. 그럴 때면 아내는 내 손을 꼭 잡아주었다.

아내는 책 읽는 것을 어려워했다. 활자가 빼곡한 책만 펼치면 금세 눈꺼풀이 무거워진다고 했다. 나는 사실 이런 아내가 너무 사랑스럽다.

한 번은 모임에서 독서 나눔을 할 일이 생겼다.
"여보, 나 이 책 다 읽을 수 있을까?"
아내의 걱정스러운 물음에 나는 웃으며 말했다.
"걱정 마, 내가 있잖아."

독서 모임에서 발표를 앞두고 걱정하는 아내를 위해, 나는 아내를 앉혀놓고 책을 소리 내어 읽어주었다. 중요하다 싶은 부분이 나오면 한 번 더 강조하며 설명해주기도 했다. 책의 핵심 내용을 간결하게 요약하여 아내가 발표 내용을 명확히 이해하도록 함께 준비해주었다.

발표하는 날, 아내 순서가 되었을 때, 아내가 망설이기라도 하면 나는 흑기사 역할을 자처하며 자연스럽게 아내 대신 발표해 주었고 아내는 안심했다. 나는 아내를 위해 무언가를 해냈다는 생각에 마음이 흡족했다.

또 한 번은 자녀 양육 관련 모임에서 <엄마유치원> 사례를 강의해 달라는 요청을 아내가 받았다. 아내는 곧바로 고개를 절레절레 흔들었지만, 곁에 있던 내가 나서서 강의 요청을 수락했다.

"여보, 어떻게 하려고 강의하겠다고 했어? 나 사람들 앞에서 강의하는 건 너무 떨려. 못 할 것 같아."

"당신은 아무 걱정할 거 없어. 내가 있잖아. 당신만큼 <엄마유치원>을 잘 설명할 사람은 없어."

아내는 걱정스러운 표정을 감추지 못했지만, 나는 진심으로 아내가 훌륭하게 해낼 수 있다고 믿었다. <엄마 유치원>에 대한 생생한 경험과 진솔한 마음은 그 누구도 흉내 낼 수 없는 아내만의 강점이었기에, 나는 끊임없이 아내에게 용기를 북돋아 주었다.

본격적인 준비에 돌입했다. 나는 아내가 편안하게 이야기할 수 있도록 <엄마 유치원> 경험을 바탕으로 청중들이 궁금해 할 만한 질문을 뽑고, 함께 답변을 구성해 대본을 만들기 시작했다. 처음에 불안해하던 아내는 강의 대본이 제법 모양을 갖추어 가면서 표정도 밝아지고 목소리에도 힘이 생기기 시작했다. 자신감이 만들어낸 결과였다.

강의 당일, 나는 아내를 강사로 소개하고 토크쇼 진행자처럼 질문을 던졌다. 아내는 질문마다 자신의 경험을 진솔하게 이야기로 풀어냈고, 나는 중간중간 아내의 말에 감탄하며 분위기를 띄우기도 하고 아내의 긴장을 풀어주었다. 아내는 1시간 30분 정도의 강의를 성공적으로 마쳤고 모임 사람들은 아내의 진솔한 이야기에 깊이 공감하며 <엄마유치원> 스토리에 대한 뜨거운 관심과 박수를 보내주었다. 아내는 강의를 마치고 환하게 웃으며 나에게 천사 같은 미소를 보내주었다.

사실 아내는 이런 몇 가지를 제외하면 나보다 삶의 지혜가 훨씬 뛰어난 사람이었다. 그래서 나는 결혼 생활에서 마주하게 되는 여러 어려움과 갈등 상황마다 항상 아내와 상의하곤 했다. 신기하게도 아내의 조언은 늘 현명했고, 따르고 나면 좋은 결과를 얻을 수 있었다. 때로는 아내와 편안하게 이야기를 나누는 것만으로도 마음속 엉킨 실타래가 풀리듯 명쾌한 해결책이 떠오르곤 했다. 그래서 아내와 대화하는 시간은 내게 늘 의미 있고 소중했다.

그러면서도 아내는 좋은 결과에 대해서는 남편인 나에게 공을 돌렸다. 아내는 나보다 인생 고수인 게 확실했다. 내가 아내에게 줄 수 있는 가장 좋은 선물은 '괜찮아, 내가 있잖아.'라는 말 한마디였다. 아내는 그 한마디 속에 담긴 사랑을 마음에 꼭 품고 살아 왔다는 걸 나는 발견했다.

아내가 남편에게 전한 마음

"여보, 이번 내 생일은 그냥 넘어갑시다."

나는 내심 내 쉰네 번째 생일파티를 제대로 하기 어렵게 된 것이 못내 아쉬웠지만 달리 방도가 없었다. 생일을 이틀 앞둔 날, 갑작스럽게 형수님의 부친께서 돌아가셨다는 슬픈 소식이 전해졌기 때문이었다. 아내와 나는 주말 이틀 동안 장례식장에서 거의 살다시피 했다. 그래야 했고 또 그러고 싶었다.

분명 몸도 마음도 지쳤을 텐데, 아내는 이틀 내내 저녁 늦은 시간까지 찾아온 조문객들을 살뜰히 챙겼다. 장례식장에서 판매하는 물품 가격이 부담스러운 것을 알았던 아내는, 상주들을 대신해 주방 일을 도맡아 꼼꼼히 챙겼다. 나는 넉 달 전 어머니 장례 때처럼, 아내의 부탁에 따라 근처 마트에서 과일과 종이 그릇을 나르며 바쁘게 움직였다.

이틀 째 되던 날 밤 11시 넘어 마지막 조문객을 보내고 났을 때 우리 부부는 많이 지쳐있었다. 집에 돌아오자마자 다음 날 출근을 위해 쉬고 싶은 생각밖에 안 들었다. 장례식 때문에 생일 케이크는커녕 미역국조차 제대로 챙겨 먹기 어려울 거라고 생각했는데, 아내는 이미 남편의 생일을 위해 조용히 미역국 재료를 준비해 두었던 모양이었다. 다음날 아침 미역국을 끓여 생일 아침밥을 먹기로 했다.

아쉬웠던 내 마음을 알아챘던 것일까? 씻고 나왔더니 아내와 스물다섯 살 큰 아들이 환한 미소를 지으며 생일 축하 노래를 부르기 시작했다. 자정이 넘어 생일이 시작된 순간을 놓치지 않았던 것이다. 예상치 못한 아내와 큰 아들의 따뜻한 축하에, 나는 울컥 차오르는 감정을 애써 삼켰다. 다음날 아침, 잠에서 덜 깬 아들과 마주앉아 생일 미역국을 먹고 출근했다.

오전 11시쯤 됐을 무렵 가족 네 명 단톡방에 아내의 글이 올라왔다. 평소 간결한 표현을 즐겨 쓰던 아내였기에, 그날따라 길게 이어진 메시지는 더욱 특별하게 느껴졌다.

"여보~ 당신과 함께 하는 우리의 일상이 매일의 감사요, 행복입니다.

연애 때 평생 웃게 해주겠다는 공약, 지금껏 성실히 지켜주어서 땡큐!

새롭게 시작한 강작가의 시간을 기대하고 응원합니다. 저녁에 당신의 맞춤 집밥으로 기다리고 있을게요.

여보~ 사랑해~♡"

아내의 메시지를 읽는 순간, 가슴이 먹먹해지더니 보고 있던 모니터가 흐려졌다. 평소 말 수가 적은 편인 아내가 진심을 담아 애써 표현해 준 문자라는 걸 알기에 그 마음이 더욱 내 가슴에 전해져 왔다. 변함없는 신뢰와 애정, 평범한 일상 속에서 발견하는 소중한 행복에 대한 감사, 그리고 남편의 새로운 도전을 응원하는 따뜻한 마음이 고스란히 담긴 아내의 메시지는, 그 어떤 화려한 선물보다 강력한 힘을 지니고 내 마음 깊숙이 파고들었다.

그리고 몇 분 지나지 않아 이번에는 막내아들 톡이 올라왔다. 가족 단톡방에 올라온 아빠 생일 축하 메시지를 본 모양이었다.

"아빠, 생일 축하해. 발목 환자 때문에 일산, 화천, 춘천 왔다갔다 하느라 고생했고 끊임없는 지원 항상 고마워~ 사랑해."

비록 군 복무로 먼 곳에 떨어져 있었지만, 아빠의 생일을 잊지 않고 따뜻한 마음을 전해온 막내아들의 메시지 또한 가슴 뭉클한 감동으로 다가왔다. 이렇게 전해진 마음 하나하나가, 한 사람의 하루를 얼마나 따뜻하게 바꿔놓을 수 있는지, 이번 생일 축하는 그 무엇보다도 소중한 선물이 되어 내 마음 깊은 곳에 오래도록 새겨져 있을 것이다.

시 나

일상을 천천히 들여다보며,
마음의 태도를 기록합니다.
에세이로 글쓰기의 첫 발을 내디뎠고,
언젠가는 소설을 쓰는 작가로
나아가고자 합니다.
저에게 낭만은 삶을 대하는 태도입니다.
그 믿음으로 오늘도 한 문장씩 쌓아갑니다.

삶의 방향을 다시 묻다

당신에게도, 낭만은 있나요?

그 하루, 정말 아무 일도 없었을까요?

지금의 나는, 잘 가고 있는 걸까?

흔들리는 사이에도 피어나는 것

다시, 나를 잃지 않기 위해

당신에게도, 낭만은 있나요?

최근 '낭만'이라는 단어에 대해 다시 생각해보게 되었다. 사전은 낭만을 이렇게 정의한다. "현실을 떠나 감상적이고 이상적으로 사물을 대하거나 느끼는 경향."

우리는 때때로 이 단어를 쉽게 쓴다. 누군가의 여행 사진을 보며 "와, 낭만적이야." 거리의 재즈 버스커를 마주치거나, 늦은 밤 갑자기 쏟아지는 눈을 맞으며 "이런 게 낭만이지." 연인과 나누는 따뜻한 커피 한 잔, 오래된 책방에서 우연히 발견한 책 한 권에도 우리는 '낭만'이라는 이름을 붙인다.

그런데 문득, 이런 생각이 들었다.

'지금의 나에게도 낭만이란 게 있는 걸까?'

딱히 특별한 계기가 있었던 건 아니다. 나는 프리랜서로 일 하면서, 프로젝트를 마친 뒤 일정한 휴식기를 가지는 루틴을 반복하고 있다. 일과 일 사이의 휴식기에는 하루 종일 잠을 자거나, 그동안 미뤄두었던 일들을 하며 다음 일을 준비하곤 한다.

그런데 이번에는 달랐다. 평소보다 길어진 공백기, 두 달이 넘도록 새로운 일을 구하지 못했다. 불안감이 천천히 마음 깊숙이 스며들었고, 무기력한 하루들이 이어졌다.

그러던 어느 날, 웨이브를 켰다가 추천 목록에 '낭만닥터 김사부'가 떠 있는 걸 봤다. 재미있게 봤던 기억이 있어, 별생각 없이 다시 보기 버튼을 눌렀다. 그렇게 마지막 회까지 쭉 보다 보니, 아, 이래서 이 드라마에 '낭만'이라는 이름이 붙었구나 싶었다.

그날 이후, '낭만'이라는 말이 마음에 오래 머물렀다. 한동안 잊고 지냈던 단어였는데, 이상하게도 그날은 유난히 마음에 닿았다. 드라마 속 한 장면이 강하게 남았다.

돌담병원 감사원이 내려와, 내사종결 전까지 모든 수술을 중단하라는 지시가 떨어졌고, 저녁 무렵, 병원 근처에서 6중 추돌 사고가 발생했다. 유일하게 소아 수술이 가능한 사람은 김사부였지만, 감사원은 "예외없다"는 말만 되풀이했다.

그때 김사부는 이렇게 말한다.

"넌 네 일을 해라, 난 내 일을 할 테니까" 그리고는 주저 없이 수술실로 들어간다.

그 장면을 보며 생각했다.

나도 언젠가 그런 삶을 살아갈 수 있을까?

자신의 신념을 지키면서, 누군가에게 꼭 필요한 사람이 되는 삶을 살 수 있을까. 그런 물음이 조용히, 그리고 오래도록 마음을 스쳐갔다.

내가 생각하는 낭만은 행복에 가깝다. 감정적인 측면에서, 행복은 낭만의 핵심 요소처럼 느껴졌다. 그러나 '낭만닥터 김사부'에서는 조금 다른 관점을 보여준다. 내가 특히 좋아하는 대사 중 하나는 이 장면에서 나온다. 사고로 크게 다친 환자가 응급실로 실려 왔다. 이미 상태가 위중했고, 대형 병원으로 이송해야 한다는 의견이 나왔다.

하지만 김사부는 단호했다. 지체할 시간이 없다며, 곧바로 수술을 진행하겠다고 말했다. 그리고 그의 말은 지금도 내 마음 속에 강하게 남아 있다.

"뭐, 환자의 인권? 의사로서의 윤리강령?"

"내 앞에서 그런 거 따지지 마라. 내 구역에서 오로지 하나밖에 없어."

"살린다! 무슨 일이 있어도 살린다! 다른 거 다 그냥 엿 많이 잡수시라 그래라."

그의 얼굴에는 두려움보다 확신과 단호함이 가득했고, 그 말은 누군가의 생명을 끝까지 포기하지 않겠다는 의지이자 선언이었다. 의료 기술이나 상황 판단을 넘어, 한 생명을 지키겠다는 마음이 느껴졌다.

김사부의 이 한마디에는 그가 가진 직업적 가치, 인생 철학, 그리고 인간에 대한 책임감이 오롯이 담겨 있었다. 어쩌면 그래서 이 드라마의 제목에 '낭만'이라는 단어가 붙은 것이 아닐까. 그 순간, 나는 조금 알 것 같았다. 그건 화려한 장면이 아니라 한 사람의 확신에서 피어나는 조용한 용기였다.

낭만이란 말로 설명할 수 있는 감정이 아니라, 내가 어떤 사람이고 싶은지에 대한 태도이자 향이었다. 우리 모두는 한 번쯤 꿈꾼다. 좋은 사람이 되고 싶고 누군가에게 의미 있는 존재가 되고 싶다는 마음이다.

나 역시 그랬다. 사회에 첫발을 내디뎠을 때만 해도 '따뜻한 사람이 되겠다'는 다짐을 품었고, 함께 일하는 사람에게 작은 배려라도 나누고 싶었다. 하지만 시간이 흐를수록 그 다짐은 현실의 무게 아래 서서히 흐려졌다. 상처받지 않기 위해 무뎌졌고, 더 이상 눈을 마주치지 않는 법을 배웠다.

말 한마디에도 마음이 흔들리던 나는 이제, 그런 감정을 애써 덮어두는 법을 먼저 배워버렸다. 그럼에도 불구하고, 다시 '낭만'이라는 단어를 꺼내 들고 있는 이유는 무엇일까. 그것은 어쩌면, 그 무뎌진 마음 속 어딘가에 여전히 살아 있는 내가 되고 싶었던 나의 모습 때문일지도 모른다.

　누군가를 포기하지 않는 김사부처럼, 누군가에게 필요한 사람이 되기를 바라는 마음이 아직 남아 있기 때문일 것이다.

　낭만이란, 포기하지 않고 자신의 길을 향해 나아가는 여정이다. 우리 모두의 꿈 이자, 우리 모두가 걷는 조용한 길이다. 현실의 벽 앞에서도 마음을 꺾지 않고 단단히 한 걸음씩 내딛는 이야기 이다.

　때로는 상처받기 싫어서, 누군가에게 차가워졌던 나. 어딘가에서는 미움받지 않기 위해 침묵했던 나. 그 속에서도 내가 바라고 있었던 건, '따뜻한 나'로 다시 돌아 가는 순간이었다. 그런 의미에서, 낭만은 현실을 마주한 내가 나 에게 붙잡고 싶은 마지막 다짐 같은 것이다.

　그래서 오늘, 나는 그 이야기를 다시 써내려 가 보기로 한다. 누군가에게 꼭 필요한 사람이 되는 삶을, 그리고 그 길을 걷는 나만의 낭만을 조용히, 다시 믿어보기로 한다.

　바람이 스치듯 지나간 날에도
　내 마음엔 다시 따뜻해지고 싶은 마음이 남았다
　잊고 지낸 감정의 틈에서
　조용히, 나를 다시 믿기로 했다

낭만은 멀지 않다
다만, 한 걸음 늦게 따라오는 따뜻한 마음일 뿐

그 하루, 정말 아무 일도 없었을까요?

하루의 끝 바람은 평소보다 차가웠고 마음은 유독 무거웠다. 어느 평범한 퇴근길이었다. 늘 하던 대로 이어폰을 꽂은 채, 익숙한 인파 속을 조용히 걸었다. 그날은 몸도 마음도 천근만근이었다. 말 한마디 꺼내기도 버거운 저녁이었다. 머릿속은 복잡했고 하루의 무게가 어깨에 내려앉은 듯 축 처졌다. 아무 말도 하기 싫은 저녁이었다.

지하철은 붐볐지만, 나는 조용히 벽에 기댄 채 눈을 감았다. 이어폰 너머로 흐르던 노래가 무슨 곡이었는지도 기억나지 않는다. 그냥 아무것도 듣고 싶지 않았던 날이었다.

그때, 어디선가 처음 듣는 노래가 들려왔다. 가사는 희미했지만, 잔잔한 피아노 선율과 속삭이듯 머무는 목소리가 조용히 마음속으로 스며들었다. 말없이 응축돼 있던 감정들이 그 선율을 따라 조용히 풀려가는 듯했다. 창밖의 가로등 불빛조차 그날은 조금 더 따뜻하게 느껴졌다.

특별할 것 없는 순간이었다. 그저 퇴근길, 음악 한 곡. 하지만 그 순간, 나는 작은 위로를 받았다. 현실은 그대로였지만 그 순간만큼은 복잡했던 생각이 조용히 멈추다 마음 한쪽에 작은 숨구멍이 열린 듯한 기분이었다.

그때 문득, 이런 생각이 들었다. 낭만이란, 어쩌면 이런 것일지도 모르겠다. 그 순간이 뭔가를 이뤄준 건 아니었지만 내 안의 굳은 마음 하나가 조용히 풀어졌던 것 같다. 마치 차가운 유리창에 김이 서리는 것처럼 무심한 현실 위로 부드러운 감정이 얹히는 느낌이었다.

누군가는 이렇게 묻는다.

"그런 작은 순간들이 정말 의미 있을까?"

"현실은 그렇게 감상적으로 흘러가지 않잖아."

맞는 말이다. 현실은 냉정하고 단단하다. 웃기 위해 버텨야 하고, 작은 기쁨을 누리기 위해선 생각보다 많은 것을 감당해야 한다. 그래서 낭만을 사치라고 말하는 사람들의 말에 나도 한 때 고개를 끄덕였던 적이 있다. 하지만 이제는 안다. 그 사소한 순간들이야말로, 우리의 삶을 지탱해주는 가장 깊은 감정의 뿌리라는 걸 말이다.

낭만은 삶이 너무 차가워지지 않도록 마음속 어딘가에 남겨

두는 감정의 여백이다. 때로는 그 여백이 우리를 다시 하루로 이끌어주기도 한다. 지치고 무뎌진 감정들 사이에서 낭만은 나에게 '아직 괜찮다'고 말해주는 작고 따뜻한 신호 같았다.

며칠 전 동네 꽃집 앞을 지나가다 분홍빛 작은 꽃다발에 시선이 머물렀다. 한참을 망설이다가 결국 한 다발을 들고 집으로 돌아왔다. 유리병에 꽃을 꽂아두고 저녁이 되어 조용한 방 안에서 그 꽃을 바라보며 마신 따뜻한 차 한 잔 그 순간만큼은 하루의 피로가 조금씩 사라지는 듯했다. 그렇게 평범한 저녁이 조용히 위로가 되어주었다.

또 다른 날 새벽에 문득 잠이 깼던 적이 있다. 불을 켜지 않고 창밖을 내다보니 고요한 하늘 위로 구름 사이로 달빛이 흐르고 있었다. 세상은 조용했고 시간은 나만을 위해 잠시 멈춘 듯 했다. 이유 없는 평온함이 밀려왔고 나는 그 순간이 괜히 고마웠다. 누가 알지 못해도 좋을 내 마음속의 조용한 감정 그런 순간이 내겐 낭만이었다.

처음엔 다시 좋아하던 노래를 듣는 것조차 어색했다. 글을 쓰고 싶은 마음이 들어도 문장 하나를 꺼내는 데 며칠씩 걸렸다. 하루하루를 조심스럽게 살아내면서 나는 차츰 내 안의 감정과 다시 말을 트기 시작했다. 그래서 오히려 더 조심히 다가갔다. 낭만은 결국, 되찾는 것이 아니라 천천히 다시 믿는 것이라는 걸 깨달았다. 돌이켜보면, 어릴 적에도 그런 시간이 있었다. 장마철 할머니 댁 처마 밑에 앉아 빗소리를 들으며 종이접기를 하던 오후. 세상은 잠시 멈춘 듯 조용했고, 나만의 속도로 흐르는 시간이 그저 좋았다. 아무도 알려주지 않았지만, 나는 그때 낭만을 처음 알았던 것 같다.

낭만은 멀리 있지 않다. 음악 한 곡, 꽃 한 송이, 창밖의 노을처럼 지나치기 쉬운 사소한 순간 속에 숨어 있다. 우리는 그런 순간을 발견할 때, 삶이 조금은 다정해질 수 있다는 걸 느낀다.

낭만은 현실을 외면하는 감정이 아니다. 오히려 낯선 현실을 부드럽게 감싸는 감정의 한 겹이다. 거창한 이벤트가 없어도 지금 이 자리에서 작은 기쁨을 발견하려는 태도다. 그 태도 덕분에 우리는 현실을 조금 더 따뜻하게 견딜 수 있고 때로는 그 낭만 덕분에 삶은 조금 더 아름다워진다. 우리는 낭만을 통해 지금 이 현실을 더 아름답게 살아갈 수 있다.

오늘 당신도 일상 어딘가에 숨어 있는 당신만의 낭만을 찾아보면 어떨까. 삶을 조금 더 따뜻하게 만들어줄 그 낭만은 어쩌면 지금 이 순간 아주 가까이에 머물고 있을지도 모른다. 잠깐 멈춰서 그 조용한 따뜻함을 한 번 느껴보는 건 어떨까?

비현실적인 환상이 아니라
삶을 살아가게 하는
가장 현실적인 위로이다.

지금의 나는, 잘 가고 있는 걸까?

"우리는 종종 원하는 삶의 풍경 안에서 낭만을 그려본다. 하지만 때로는 그 꿈이 우리를 더 외롭고 지치게 하진 않을까?"

우리는 모두 각자의 낭만을 품고 살아간다. 누구는 멋진 집, 누구는 여행, 또 누군가는 꿈꾸던 일을 하며 살겠다는 이상을 그린다.

나에게도 그런 낭만이 있었다. 햇살이 잘 드는 마당 나무 데크 위, 친구들과 웃으며 고기를 굽는다. 잔잔한 물결이 이는 수영장이 있는 집을 꿈꾸어 본다. 그런 공간에서 하루를 느긋하게 보내는 삶 그게 내가 꿈꾸던 평온한 일상이었다. 그 바람은 단지 외적인 조건만이 아니었다. 그 안에는 느긋함 여유 그리고 나다운 삶에 대한 갈망이 있었다.

어쩌면 어린 시절, 외가에서 보냈던 여름방학의 기억이 그 낭만의 씨앗이었는지도 모른다. 바람이 불면 흔들리는 커튼, 마당을 적시던 비 그리고 그 안에서 아무 이유 없이 느꼈던 평온함 그 풍경이 내 마음속 낭만의 시작이었는지도 모른다.

나는 그 낭만을 현실로 만들기 위해 N잡러 즉 여러 직업을 가진 삶을 선택했다. 낮에는 직장인으로 밤에는 사이드 프로젝트를 하는 삶 매일 아침엔 출근하고 퇴근 후엔 또 다른 나로 살아갔다. 누구보다 바쁘게 살았지만 그만큼 의미 있다고 믿었다. 하지만 현실은 쉽게 꿈을 허락하지 않았다. 출퇴근이 편한 곳은 집값이 너무 비싸고 교통이 불편한 곳은 통근만으로 하루가 녹초가 됐다. 어렵게 괜찮은 지역을 찾았지만 은행에서 필요한 만큼의 대출이 나오지 않았다.

서울에서 10년을 일했다. 그런데 대출을 받아도 작은 집 한 채 마련할 수 없었다. 그 순간 내가 무엇을 위해 애써왔는지 알 수 없었다. 회사로 가는 지하철 안 창밖을 멍하니 바라보다 문득 생각이 들었다

"내가 뭘 잘못 살아온 걸까?"

마음 한편이 무너지듯 휑했다. 그 낭만은 결국 나를 다치게 한 게 아닐까 하는 생각이 들었다. 그렇게 나는 잠시 꿈을 접었다. 그 시절의 나는 '멈춘다'는 게 곧 포기라고 생각했다. 하지만 시간이 지나고 나서야 알았다. 멈춘다는 건 방향을 바꾸기 위한

숨고르기였다는 것을 알게 되었다.

대신 일상에서 다른 길을 찾기 시작했다. 새로운 사람들과의 만남이 필요하다고 느껴 동호회 모임에 용기 내어 발을 들였다. 평소와는 다른 이야기 낯선 에너지가 그 안에 있었다.

그곳엔 정말 다양한 사람들이 있었다. 한 번은 세번 창업에 실패했지만 여전히 "지금이 제일 재밌어요"라고 말하는 사람이 있었다. 그 웃음이 믿기지 않았지만, 동시에 부러웠다. 두려움 없이 도전하는 그 마음 나도 갖고 싶었다. 그 모습이 내 안의 낭만을 다시 흔들었다.

'나도 내 삶의 방식으로 살아보고 싶다.'

그 순간부터 언젠가 말고 지금이라는 단어를 쓰기로 했다. 직장을 다니며, 내 방식대로 사업을 시작해보기로 했다. 물론 쉽지 않았다. 낭만이라는 이름 아래 현실과 부딪히는 시간들이 반복되었고, 내가 감당할 수 있는 무게와 할 수 있는 일의 경계를 조금씩 배워갔다.

처음 사업을 시작했을 땐, 생각보다 훨씬 고요했다. 테이크아웃 전문의 작은 커피숍이었지만 문은 열었어도 손님은 좀처럼 오지 않았다. 매일이 초조함과의 싸움이었다. '내가 잘못된 선택을 한 건 아닐까' 하는 불안이 마음을 갉아먹었다.

하루는 그렇게 불안한 마음으로 정리하려던 참에 작은 알림

소리에 핸드폰을 울렸다. 겨우 8,000원이었지만, 그 숫자는 내게 어떤 말보다 큰 응원이 되었다.

"너는 잘 가고 있어." 그날 나는 조용히 눈물을 삼켰다.

겨우 8,000원이었지만, 그건 나에게 세상과의 연결이었다. 내가 만든 무언가가 누군가에게 닿았다는 증거였다. 그 사실 하나만으로도 나는 다시 용기를 낼 수 있었다.

지금은 감사하게도, '운이 좋았다'고 웃으며 말할 수 있는 날들이 찾아왔다. 하지만 그보다 더 감사한 건, 그 아픔이, 결국 나를 다시 일으켜 세우고, 성장으로 이끌었다.

이제 나는 안다. 낭만은 현실과 맞닿아 있을 때 가장 빛난다는 걸. 아름답기만 한 게 낭만이 아니라, 부딪히고, 흔들리고, 다시 일어서는 그 모든 과정 속에서 피어나는 것이 낭만이다.

혹시 지금 당신도 낭만을 꿈꾸며 지치고 아픈 시간을 보내고 있다면 나는 조심스럽게 말하고 싶다. 당신은 지금 이미 가장 낭만적인 순간을 살아가고 있는지도 모릅니다. 당신은 지금 삶과 부딪히며 자신만의 방식으로 길을 만들어가고 있으니까요.

낭만은
가진 것이 아니라 견뎌낸 끝에
비로소 피어나는 것이다.

흔들리는 사이에도 피어나는 것

"혹시, 나도 잠시 멈춰 서는 법을 알게 되면, 스쳐 지나간 풍경 속에서도, 낭만을 발견 수 있을까?"

해야 할 일은 늘 많고, 하루는 늘 짧다. 마음에 여유를 두기보단, 시간을 쫓기에 바빴다. 그런데 어느 순간, 그렇게 달려온 길 위에서 잠깐 멈춰 서게 된 날이 있었다. 설렘은 여전히 내 곁에 있었지만, 내가 너무 바쁘게 지나쳐 버리고 있었던 건 아닐까? 나에게 낭만은 사람을 통해 찾아왔다. 그 중에서도 내 가게에서 함께 일하는 한 직원과의 상담이 시작이었다.

그 친구는 배우를 꿈꾸는 지망생이었다. 긴 머리를 단정하게 묶고 언제나 단정하게 셔츠와 팬츠를 입고 출근했다. 한가한 시간이면 직원실에서 공책을 펴고 무언가를 적었다. 그 공책이 오디션 대본을 외우기 위한 연습장이란 걸 나중에서야 알았다.

어느 날, 매장 정리하던 늦은 밤 그녀는 조심스럽게 말을 꺼냈다.

"사장님, 저 차주 수요일에 오디션 보러 가야 해서, 다른 친구하고 근무를 교대하기로 하였습니다."

그 말 뒤에 웃음은 밝았지만 눈빛에는 걱정이 보였다.

"이번이 마지막이라는 마음으로 준비하고 있어요."

"걱정하지마. 잘 준비 했잖아."

나는 그렇게 말하며 응원했지만, 그 말이 오래도록 마음속에 남았다. 언젠가 스크린에 자신의 얼굴이 비치는 날을 꿈꾸며 수많은 오디션에 도전하고 있었다. 하지만 현실은 쉽지 않았다. 기회는 많지 않았고 그 기회를 붙잡기 위한 시간과 비용은 결코 가볍지 않았다.

그 이야기를 들으며 문득 이런 생각이 들었다. 이 친구가 이력서에 단 한 줄이라도 자신 있게 쓸 수 있는 무언가를 만들어주면 어떨까?'

나는 무대에 대해 아는 것도 연극을 해본 경험도 없었다. 하지만 한 가지는 분명했다. 이 친구가 진심이라는 것 그리고 나 역시 그 진심에 무언가를 보태고 싶다는 마음 그 순간 내 마음속 어딘가에서 낭만이 살며시 고개를 들었다.

그래서 나는 나 자신에게 질문을 던졌다.

'그렇다면 내가 할 수 있는 일은 뭘까?'

그리고 떠오른 답은 의외로 단순하고도 뜨거웠다.
"연극을 만들어 보자."

배우를 꿈꾸는 친구들이 누구보다도 자신 있게 "무대에 섰던 경험이 있다"고 말할 수 있도록 나는 무대를 만들어 보기로 했다. 그때부터 나의 여정도 시작되었다. 연극 대본을 써보기로 결심을 했고 글쓰기를 배우기 위해 처음으로 창작 수업에 등록했다.

마지막으로 펜을 잡았던 기억은 아마도 중학생 때 썼던 일기장이 전부였다. 오랜만에 꺼내 든 종이 앞에서, 나는 그 시절보다 더 떨리고 있었다. 내 마음속엔 수많은 장면이 있었지만 그걸 글로 꺼내는 건 생각보다 훨씬 두려운 일이었다.
"내가 쓰고 싶은 이야기일까?"
"주인공은 생김새를 어떻게 표현하지?"
쓰는 내내 스스로에게 묻고 또 물었다.
하지만 이 과정이 나를 조금씩 바꿔놓았다.
타인의 꿈을 응원하고 싶다는 마음이 결국 나 자신의 오래된 꿈을 꺼내주는 일이 될 줄은 몰랐다. 차츰 내 안에 감춰져 있던 기억과 상상이 언어가 되어 흘러나오기 시작했다. 글을 쓰는 시간은 처음엔 외롭고 막막했지만 어느 순간부터는 나 자신을 가장 깊이 만나게 해주는 시간이었다. 지금은 그 이야기를 소설로 발전시키고 있다.

완벽하지 않아도 괜찮다는 걸 서툴러도 진심이면 누군가에게 닿을 수 있다는 걸, 나는 이 글쓰기를 통해 배우고 있다. 언젠가는 그 소설을 연극으로 올리는 꿈을 꾼다. 어쩌면 그 무대에 지금의 그 친구와 또 다른 누군가가 설 수 있다면 그 순간만큼은 세상 그 어떤 꿈보다 아름답지 않을까?

낭만이란, 누군가의 꿈에 작은 불씨를 보태며, 나 자신도 다시 살아나는 과정인지 모른다. 누군가의 꿈을 돕는 마음이 결국 내 안의 가능성을 깨우고 내 삶의 방향까지 바꿔놓을 수 있다는 걸 알았다. 그건 해보지 않으면 알 수 없었다.

그러고 보면, 낭만은 그리 멀지 않았다. 지금 내 곁에 있는 사람들 그들의 이야기를 귀 기울여 듣는 순간부터 우리는 이미 낭만의 한가운데를 걷고 있었는지도 모른다.

낭만 찾기, 생각보다 어렵지 않죠?
낭만은 거창한 게 아니었다.
그저 누군가의 꿈을
함께 믿어주는 마음이었다.

다시, 나를 잃지 않기 위해

"낭만은 자주 흔들린다. 먹고사는 문제 앞에선 더 쉽게 무너진다."

낭만을 지킨다는 건, 생각보다 더 많은 용기를 필요로 했다. 꿈은 언제나 낭만의 언어로 시작되지만, 현실은 언젠나 숫자와 타협을 요구했으니까. 낭만은 점점 작아졌다. 지출 내역표를 채워 넣고, 가계부를 걱정하는 사이, 하고 싶은 일은 해야 하는 일에 자리를 내주고 말았다.

가끔은 카페에서 노트북을 펴고 상상의 조각을 꺼내던 시간도 이젠 가계부를 펼쳐 절약을 고민하는 시간으로 바뀌었다. 좋아했던 독립영화를 예매하던 손은, 할인쿠폰을 검색하는데 더 익숙해졌다.

그렇게 작아진 낭만은 잊힌 줄 알았지만 어느 날 문득 마음 한편에서 아주 조용히 다시 깨어났다. 사실, 내가 글쓰기를 배우게 된 것도 바로 이 '낭만'을 끝까지 붙잡고 싶었기 때문이었다.

나는 지금 연극을 만들고 싶다. 그 시작은 단순한 꿈이었고 그 꿈은 사람에서 비롯되었다. 함께 일하는 직원 중 한 명이 배우를 꿈꾸고 있었고, 나는 그 친구가 이력서에 "무대 경험 있음" 이라는 한 줄을 쓸 수 있게 해주고 싶었다. 그래서 기획을 시작했고 대본이 필요했다. 연극 대본을 제작하려고 여러 기획사에 연락을 해봤지만 현실은 예상보다 냉정했다. 비용이 너무 컸고 내 통장 잔고는 그만한 여유가 없었다.

그때 문득 생각했다.

'이 낭만, 그냥 포기해야 할까?'

몇 통의 이메일, 몇 번의 미팅, 돌아오는 말은 늘 같았다.

"예산이 어렵습니다."

누군가에게 도움을 청하는 그 짧은 순간조차, 마음을 초라하게 만들었다. '내가 너무 무리한건가?' 하는 자책이 불쑥 찾아왔다. 스스로에게 '이쯤이면 됐어'라고 말하려 했지만, 마음은 좀처럼 가라앉지 않았다.

노트북 화면 앞에서 손가락은 멈췄고, 문서를 저장하지 않은 채 꺼버린 밤도 있었다. 겉으론 '괜찮아'를 반복했지만, 마음속엔 자꾸 '이건 무리야'라는 목소리가 맴돌았다. 밤늦게까지 일하다 돌아온 날, 불 꺼진 집 안에서 라면을 끓여 놓고 마주 앉았다. 문득, '언제부턴가 삶이 너무 빠듯해졌구나'라는 생각이 마음 깊숙이 내려앉았다. 예전엔 꿈을 꾸며 잠들었는데, 요즘은 잠드는 것도 하나의 의무처럼 느껴질 때가 있었다.

현실은 분명 단단했고, 낭만은 자꾸만 흔들렸다. 그런데도, 단 한 번도 '그만두자'는 말은 하지 못했다. 그녀의 말 한마디가, 여전히 마음속에 남아 있었기 때문이다. 하지만 그 순간 떠오른 한 사람이 있었다. 바로 드라마 낭만 닥터 김사부의 김사부. 그가 말한 한마디가 떠올랐다.

"살린다. 무슨 일이 있어도 살린다."

이 말은 단순한 의사의 책임감이 아니라, 자신의 직업과 인생을 대하는 낭만의 태도 같았다. 그 대사는 마치 나에게 말을 건네는 것 같았다. '포기하지 마. 너만의 방식으로 해낼 수 있어.' 조용히 내 등을 밀어주는 기분이었다.

그래서 나도, 내 방식대로 해보기로 했다. 정부 지원을 알아보고 사업계획서 작성 수업에 등록해 한글자씩 천천히 준비를 시작했다. 지원사업 설명회를 듣던 날 생소한 단어들에 고개만 끄덕였지만 설명 자료를 몇 번이고 다시 읽고 '이 단어는 뭘까?' 하며 검색하던 시간이 오히려 재밌게 느껴졌다. 그래도 배우겠다는 다짐은 분명했다.

지치기도 했다. 혼자서 무모한 길을 걷는 듯한 날도 많았다.

그런데도 이상하게 그 길의 끝이 궁금했다. 그렇게 나는 강의를 신청하고, 계획서를 쓰기 시작했고 하나씩 아주 조금씩 낭만을 지켜내고 있다. 모두가 잠든 깊은 밤 서툰 손으로 조심스럽게 첫 문장을 써 내려갔다. 마치 어둠 속에서 조심히 불씨를 붙이는 기분이었다. 이 무대가 누군가의 첫 시작이 되길 바라며, 마음을 꾹 눌러 담아 한 줄 한 줄 써내려갔다.

모든 것이 완벽하진 않지만, 오늘의 나는 어제보다 내가 바라는 삶에 가까워져 있다. 그리고 그걸 믿는 지금 이 순간 낭만은 여전히 내 안에서 숨 쉬고 있다.

가끔은 멈춘 자리에 피는 꽃이 있다.
달리지 않아도 피어난다는 걸,
우리는 잊고 있었을 뿐이다.

3부
삶의 소리를 듣다

김현희

어린 시절부터 피아노와 친구처럼 지내며
음악과 함께 자라났다. 첫 번째 스무살에는
아이들에게 피아노를 가르치며 음악의 기쁨을
나눴고, 두 번째 스무살, 인생의 가장 아픈
터널을 지나는 동안에는 파이프오르간과
더 깊은 시간들을 나누며 스스로를 위로했다.
이제 세 번째 스무살에는 글쓰기를
삶의 벗으로 삼고 있다.
현재 『기독교 헤럴드』에 서평을 연재하며, 문학과
신앙, 삶을 잇는 글을 써내려가고 있다.
블로그 blog.naver.com/maria66jos

삶이 말을 걸어올 때

나의 첫 번째 스무살 _ 사랑이 시작되던 날들

나의 두 번째 스무 살 _ 엄마가 된다는 것

나의 세 번째 스무살 _ 다시 나로 살아가기

나의 첫 번째 스무살 _ 사랑이 시작되던 날들

_ 남편과의 첫 만남

'옹기장이'라는 이름의 그 음악팀은 단지 노래만 부르는 곳이 아니었다. 열정을 나누는 사람들이 있었고, 서툴지만 진심 어린 연주가 있었으며, 무대 위보다 더 진한 감동이 연습실 구석구석에 스며 있었다.

매주 목요일, 연습실로 향하는 발걸음은 가벼웠다. 그 시간만큼은 근심도 걱정도 모두 문 밖에 내려두고 들어갔다. 작곡을 맡은 선배는 매주 새로운 곡을 들고 와 우리에게 건넸다. 그의 곡들은 화려하진 않았지만, 한 소절 한 소절이 마음 깊은 곳으로 조용히 스며들었다. 어떤 곡은 눈시울을 적셨고, 어떤 곡은 며칠이고 흥얼거리게 만들었다. 가장 감동적인 순간은, 각자의 목소리가 모여 하나의 곡을 완성할 때였다.

서로 다른 음들이 만나 하나의 선율이 되었고, 나는 그 안에서 조용히 퍼즐 한 조각처럼 어우러지는 기쁨을 느꼈다.

늦은 밤, 컵라면을 나눠 먹던 시간들. 수련회 밤, 불 꺼진 방 안에서 웃고 울던 순간들. 그 팀은 점점 나에게 '가족' 같은 존재가 되어갔다. 우리는 경연대회마다 금상과 은상을 수상했고, 실력을 인정받으며 음반도 출시하게 되었다. 공연 요청도 점점 많아지며, 우리 팀의 스케줄은 바빠지기 시작했다. 그러던 어느 날, 나와 듀엣 녹음을 했던 테너 박은호가 군 입대를 앞두고 있다는 소식을 들었다.

"어쩌냐…" 모두가 아쉬워할 때, 베이스 덕원이가 웃으며 말했다. "조금만 기다려봐. 곧 제대 할 애 하나 있어." 그리고 그 다음 주, 연습실 문이 조심스레 열리고 낯선 얼굴의 후배가 들어섰다.

"테너 임재규입니다. 반가워요." 훤칠한 키, 조용한 눈빛, 또박또박한 목소리. 그 순간, 어디선가 익숙한 선율이 들려오는 듯 자꾸만 그의 모습에 시선이 머물렀다. 그날은 그렇게 지나갔지만, 몇 주 뒤, 그의 목소리가 내 파트와 자연스럽게 어우러지기 시작하면서 우리 사이의 거리도 조금씩 가까워지기 시작했다.

어느 날, 그가 악보를 들고 다가와 조심스럽게 말했다.

"현희누나, 잘 부탁드려요?"

나는 웃으며 고개를 끄덕였다.

"나도, 잘 부탁해."

아이러니하게도 음반 녹음을 함께했던 은호는 군에 끌려가고, 군에서 막 제대한 재규와 나는 함께 호흡을 맞추게 되었다. 눈을 마주치고, 숨을 맞추고, 소리를 조율하며 우리의 마음도 천천히 조율되어갔다. 가사 한 줄, 멜로디 하나에 서로의 호흡이 스며들었다. 우리는 그렇게, 말보다 음악으로 먼저 가까워졌다.

_ 소나기 속에서 시작된 사랑

그해 여름, 팀의 해외 공연 일정이 잡혔다. 낯선 나라, 낯선 도시. 설렘과 긴장 속에서 우리는 작은 모험을 떠났다. 요코하마의 바닷바람이 불던 어느 오후, 자전거포가 눈에 들어왔다. 자전거를 대여해 준다고 하니 팀원들이 자전거를 타고 시내를 둘러보자고 했다. 나는 작게 말했다.

"난 자전거 못 타는데…"

조금 머쓱해진 그 순간, 그가 웃으며 말했다. "괜찮아요. 제 자전거 뒤에 타세요."

나는 조심스럽게 그의 허리를 감싸고 안장에 올랐다. "간다, 꽉 잡으세요."

그 말에 괜히 마음이 따뜻해졌다.

페달이 굴러가고, 상쾌한 바람이 코끝을 지나 옷자락을 스쳐

간다. 하늘은 푸르고, 햇살은 아름다웠다.

"와~"

입에서 절로 탄성이 흘렀다. 얼마나 달렸을까.

행복한 미소가 가득찬 그때.

그 순간. 후두둑, 갑작스레 소나기가 쏟아졌다. 우리는 급히 근처 가정집의 처마 밑으로 몸을 피했다. 비는 거세게 내렸고, 우리는 말없이 나란히 서 있었다. 말이 없었기에, 오히려 더 많은 마음이 오갔다. 그 짧은 시간 속에서, 나는 처음으로 그의 옆 온기를 느꼈다.

_ 고백, 그리고 함께 걷기 시작한 길

일본공연이 끝나고, 나는 미국으로, 그는 한국으로 돌아갔다. 공항에서 나눈 마지막 인사 뒤, 돌아서던 발걸음엔 아직 말하지 못한 마음이 묻어 있었다.

며칠 후, 나는 그에게 편지를 썼다. '보고서'라는 제목을 붙였지만, 그 안엔 맘속의 고백을 꾹 눌러 담았다. 그리고 45일 뒤, 미국과 캐나다, 하와이 공연을 마치고 김포공항에 도착한 날. 출국장을 빠져나오자, 그가 거기 서 있었다.

"편지 잘 받았어요." 그가 웃으며 말했다.

나는 아무 말 없이 웃었다.

그날, 우리는 마음을 다 말하지 않았지만 서로의 감정을 이미 알고 있었다.

며칠이 흐르고, 연습 모임을 마치고 함께 걸어가던 어느 날, 그가 조심스럽게 말을 꺼냈다.

"현희누나 같은 사람이랑… 함께 살면 참 좋을 것 같아요."

나는 미소 지으며 대답했다.

"너 같은 사람이랑… 나도 좋을 것 같아."

잠시 정적이 흐르고, 우리는 거의 동시에 말했다.

"우리… 결혼할까?"

그리고 그해 12월 4일.

우리는 한 평생을 함께하기로 약속했다. 그렇게 시작된 우리의 여정은 항상 순탄하지만은 않았고, 예상치 못한 일들도 많았다. 하지만 돌아보면 그 모든 계절이 따뜻했고, 소중했다

나의 두 번째 스무 살 _ 엄마가 된다는 것

_ 러시아에서의 시간, 1996년 3월 9일.

큰별이가 겨우 여섯 달 되었을 때, 우리는 러시아행 비행기에 몸을 실었다. 작은 아기를 품에 안고, 삭풍 부는 낯선 땅에 발을 디딘다는 것. 두려움과 설렘이 뒤섞인 여정의 시작이었다. 공항에 발을 내딛는 순간, 그곳은 마치 시간의 끝자락 같았다.

회색빛 하늘과 무표정한 얼굴들. 마치 북한의 도시 한복판에 들어선 듯한 차가운 정적이 우리를 감쌌다.

큰별이는 그 순간 커다란 울음을 터뜨렸고, 승무원들은 우리 가족을 가장 먼저 통과시켜 주었다. '레이디 퍼스트'가 아니라, '베이비 퍼스트'였던 그날. 작은 생명이 우리에게 얼마나 큰 존재인지 다시금 깨닫게 되었다.

러시아에서 사업을 하고 계시던 할아버지 할머니가 공항에 나와 계셨다. 공항에서 기다리던 할머니를 보자, 큰별이는 방긋 웃으며 손을 뻗었다. 그 작은 미소 하나가 얼어 있던 우리를 단숨에 녹여주었다.

그 해 러시아의 겨울은 유난히 혹독했다. 한국은 봄이 오는 계절이었지만 러시아는 아직도 추웠다. 개털모자라 불리던 '샤프카' 없이 외출했던 남편은 머리가 쪼개질 듯한 두통에 시달렸고, 그날 이후로는 '샤프카'를 꼭 쓰고 다녔다. 중앙난방이었지만 간절기엔 유난히 더 추웠다.

걸음마를 시작한 큰별이는 실내에서도 덧신을 신어야 했고, 그 덧신 탓에 생긴 습진으로 아기 발이 고생을 하기도 했다. 유모차 대신 '쌍키'라 불리는 작은 썰매에 아이를 태우고, 얼어붙은 길을 조심조심 걸어 다녔다.

지금 돌아보면, 모든 것이 한 편의 동화 같다. 밤마다 정전은 일상이었다. 저녁이 되어 식사준비를 하는데, 탁하더니 전기가 나가버렸다. 7시가 전기 소모가 많은 시간이라 그렇다고 했다. 그러나 모두들 퇴근하고 집으로 돌아와서 저녁식사를 해야 할 시간이 아닌가. 남편은 샤워중에, 밥솥은 그대로 생쌀과 밥이 섞인채로 설었고, 아기는 울어댔다. 갑자기 컴컴해 지니까 그랬나 보다.

통역인 또냐씨가 나가서 요기할 것을 좀 사왔다. 코카콜라,

오렌지 쥬스, 롤케잌, 쵸코파이등으로 요기를 했다. 10시가 되니 전기가 들어왔다. 그때 다시 밥을 하고 김치국을 끓여 저녁밥을 먹었다. 11시가 넘어 식사를 하고 12시가 넘어 잠자리에 들 수 있었다.

다음날 아침 식사를 준비하는데, 8시 또 정전이다. 남편은 식사도 못하고 출근을 했다. 11시30분 전기가 들어왔다. 아기와 함께 식사를 하고 음악을 들으며 행복한 시간을 보내는데, 또 정전이다. 하루에도 몇 번씩 전기는 들락날락이다. 저녁 7시30분 또 전기는 가버렸다.

아기는 어두워지니 영락없이 보채고 운다. 자라고 하는 줄 알고 말이다. 그때 구원병처럼 촛불을 밝힌다. 어둠을 밝히는 촛불을 보고 아기는 환호성을 지른다. "와~ " 촛불을 켜놓은지 얼마 되지도 않았는데, "후~" 하고 꺼버리고는 까르르 웃는다. 천진하게 웃는 아이를 바라보며, 우리는 그 어둠 속에서 웃을 수 있었다. 아이의 순수함 덕분에 삶속에 불편함이 추억이 될 수 있었다. 전기가 들어오는 식사 시간엔 한 끼 한 끼가 소중했고, 그 작은 불빛 아래에서 나눈 대화들은 오히려 더 따뜻했다.

낯선 언어 속에서 가난한 사람들 틈에서 삶은 결코 녹록지 않았지만 아이의 웃음 하나, 남편의 손길 하나, 그리고 가끔 울컥하며 몰래 훔친 눈물들이 나를 '엄마'로 조금씩 자라게 했다.

나는 처음에 저절로 엄마가 되는 줄 알았다. 아이를 안고 있을 때, 아이가 내 몸에서 나왔을 때, 그 순간들이 '엄마가 된 순간'이라고 생각했다. 하지만 러시아에서의 시간 속에서야 비로소 알았다. 엄마는 단지 '낳는 사람'이 아니라, 아이와 함께 자라고 견디는 것이라는 걸. 눈물겹게 웃고, 사소한 불편을 외면하지 않고, 밤마다 어둠을 환하게 밝혀줄 노래 한 줄을 아이 곁에 남기는 사람. 그게 엄마였다.

그러던 어느 날, 나호드까의 바닷가. 밀려오는 파도소리를 들으며 나는 또 하나의 생명이 내 안에 찾아왔음을 느꼈다. 그 순간, 이 낯선 땅 위에서 나는 다시 엄마가 되었다.

아니, 어쩌면 그제야 진짜 엄마가 되어 가고 있었다.

_ 삼남매의 성장기 : 별 하나, 큰별이

큰별이가 내 품에 안긴 날, 1995년 9월 10일, 일요일. 이름은 족보 학열 때문에 '묵' 자를 써서 '경묵'으로 정했다. 내 마음 같아서는 사무엘, 요셉, 예찬이 같은 이름을 짓고 싶었지만, 어른들의 뜻을 존중하기로 했다. 자꾸 불러보니, '경묵'이라는 이름도 그리 나쁘지 않게 들렸다.

새벽 4시경, 아기가 오려는 조짐이 있었다. 마음을 가다듬고 병원에 갈 준비를 했다. 아빠는 평소보다 훨씬 조심스럽고 얌전하게 운전했다. 목동 이대병원 신생아 분만실로 직행했다.

이미 분만실 앞은 아내를 분만실에 들여보낸 예비 아빠들의 초조함으로 가득했다. 어떤 아저씨는 대기한 지 24시간이 지났다며 겁을 주기도 했다. 의사들은 내 외소한 체구를 보며 여차하면 수술해야 할지도 모른다고 했다.

남편은 수술 동의서를 쓰면서, 수술에 대한 병원의 무책임한 안내에 대해 한마디 툭 던졌다.

"수술동의서부터가 F학점이야."

나는 수술 없이 자연분만을 하겠다고 고집을 부렸다.

7시쯤, 엄마가 들어와 내 손을 잡아주셨다. 나는 진통 중에 문득 생각했다.

'엄마도 나를 낳을 때 이렇게 아팠겠구나.'

그 생각에, 아픔 너머로 이상한 울컥함이 밀려왔다. 그리고 2시간쯤 후, 아기는 이 세상에 빛을 보며 고생스럽게 태어났다. 고통 중에 아기가 내 안에서 빠져나가는 느낌은, 말로 다 표현 할 수 없는 시원함과 서운함이 섞여 있었다. 어찌되었든, 나는 엄마가 되었다.

간호사는 아기를 보여주며 말했다. "아기 보세요. 아들입니다." 작은 얼굴에는 고통의 흔적이 가득했다. 그 작은 몸으로, 마치 바늘구멍을 통과하듯 힘겨운 세상을 건너온 아기. 나는 비몽사몽간에 입원실로 옮겨졌고, 그 자리에서 정신을 잃었다.

얼마나 잤을까. 눈을 떠보니, 엄마가 내 곁을 지키고 계셨다. 잠시 후, 의사들이 와서 말했다.

"산모와 아기 모두 건강합니다. 아무거나 잘 드세요." 미역국과 밥이 나왔지만, 통증때문에 거의 먹을 수 없었다.

가족들의 축하를 받으며 잠시 기뻤지만, 곧이어 찾아온 산후통에 밤새 끙끙 앓았다.

진통제도 주사도 듣지 않는 고통이었다. 나는 일주일이 지나서야 아이를 제대로 볼 수 있었다. 종합병원 출산이었기에 첫 만남은 늦어졌지만, 기다림은 오히려 만남을 더 깊고 뜨겁게 만들었다. 통통 부은 가슴에 작은 입술이 닿는 순간, 나는 말로 다 표현할 수 없는 감동에 눈물이 흘렀다. 그 조그마한 생명이, 이제 스스로 생명을 이어가고 있다는 사실이 그저 경이로웠다. 큰별이는 내게 처음 '엄마'라는 감정을 알려준 아이였다. 아이는 새싹처럼, 사랑스럽고 탐스럽게 무럭무럭 자라주었다.

러시아의 추운 겨울도, 촛불 아래서 함께한 저녁도, 쌍키 썰매 위 눈길도, 모두 큰별이와 함께한 나날이다. 아빠가 출근하는 아침이면, 어김없이 울음을 터뜨리던 아이. 현관문 소리만 들어도, 그 작은 가슴이 허전함을 느꼈다. 우리는 매일 아침마다 '몰래 출근' 작전을 짜듯이 익혀 갔다. 나는 그렇게 조금씩, 엄마가 되어가는 법을 배워갔다.

그 아이는 지금, 무대 위에서 배우로 살아간다. 가끔, 조명 아래 선 아이의 목소리를 들을 때마다 나는 속으로 조용히 말한다.

"참 잘 자라 주었구나."

그 한마디면, 정말 충분하다.

_ 삼남매의 성장기 : 별 둘, 작은별이

작은별이는 러시아 나호드까의 바닷가에서 내게 찾아온 아이였다. 바다바람과 파도 소리에 실려, 나는 느낄 수 있었다.

'내 안에 새생명이 자라고 있구나.'

큰별이를 안고 귀국해, 작은별이는 한국 땅에서 태어났다. 숱 많은 까만 머리, 뽀얗고 투명한 피부. 예지는 세상에 처음 마주한 순간부터 참 사랑스러웠다.

너무나 사랑스런 아이가 겨우 걸음마를 시작할 무렵이었다. 돌도 되기 전, 어린 아기가 동생을 보게 되었다. 아빠와 엄마는 뭐가 그리 급했는지 모르겠다. 아마도, 넘치는 사랑을 더 나누고 싶었던 마음이었겠지.

막 태어난 동생을 바라보며, 자신의 유모차를 흔쾌히 내어주던 천사 같은 언니, 예지. 그러나 계속되는 양보와 배려 속에서 어느 날, 작은 손을 불끈 쥐고 "내 거야!"라고 외치며 처음으로 자기만의 울타리를 세우려 했던 그 순간을 나는 잊지 못한다. 어린 마음에 얼마나 서운하고 속상했을까. 생각할수록 작은별 예지에게 미안해진다.

예지는 어릴 적부터 책임감이 강하고, 소유욕이 남달랐다. 학교에 준비물을 가져가야 하는 날이면, 엄마가 손에 쥐어줄 때까지 조르고 또 졸랐다.

초등학교 5학년 때는 전교 부회장이 될 정도로 친구들 사이에서 인기 많은 아이였다. 무엇이든 열심이고 성실한 아이였다.

그러던 예지가 중학교 입학 후, 6개월도 되지 않아 자퇴할 수밖에 없는 상황이 되었을 때, 나는 가슴이 무너지는 듯했다. 입학하고 얼마 지나지 않아, 예지는 나에게 자신의 머리를 검정색으로 염색해 달라고 졸랐다.

"머리색이 갈색이라고 애들이 놀려요."

어차피 다시 갈색 머리가 올라올 터였지만, 아이의 간절한 눈빛을 이길 수 없어 나는 염색을 해주었다. 몇 달이 지나던 어느 새벽, 우연히 모니터에 띄워진 싸이월드 메시지를 보게 되었다. 어린아이의 글이라고는 믿기 어려운, 거칠고 무서운 글이 와 있었다. 그날 새벽, 아빠와 나는 아이를 보호하기로 결심했다. 부산에 살고 있던 우리 가족은, 예지를 서울 할아버지댁으로 보내기로 했다.

서울로 간 그 해 여름방학, 예지가 다니던 중학교에 그 친구들이 사고를 치고 학교를 떠들썩하게 만들었다는 소식을 들었다. 모두 제적되었다고 했다. 생각만 해도 아찔한 일이었다. 만약 그때 결단을 내리지 못했다면, 예지의 인생은 어찌되었을까? 예지는 9개월 만에 중학교 검정고시를 통과했고, 또 9개월 후 고등학교 검정고시도 패스했다. 그렇게 1년 6개월 만에, 중학교 3학년 나이에 대학 입학이라는 놀라운 일을 해냈다. 당시 단 한 명을 뽑는 입학사정관 전형. 그 자리의 주인공은 바로, 우리 작은별 예지였다. 입학이 결정되던 날, 나는 조심스레 물었다.

"정말 괜찮겠어?"

예지는 반짝이는 눈으로 고개를 끄덕이며 말했다. "엄마, 자신 있어요. 한번 열심히 해볼게요."

나는 그때, 작은별을 믿기로 했다. 하지만 어린 나이에 홀로 맞이한 대학생활은 생각보다 훨씬 벅찼다. 어느 날, 예지는 눈물을 가득 머금고 집으로 달려왔다.

"예지야, 힘들면 힘들다고 말해도 돼.", "엄마는 언제나 네 편이야."

나는 아이를 품에 안고 속삭였다. 예지는 엉엉 울며 내 품 안에서 한참을 울었다. 그 작은 어깨가 들썩일 때마다, 내 가슴도 함께 무너졌다.

그렇게 몇 번의 눈물과 숨 고르기를 하고, 예지는 4년의 대학 생활을 비틀거림 없이 무사히 걸어냈다. 예지는 뮤지컬학과 1학년에서 첫 작품으로 '캣츠'에서 이름 없는 고양이 역할을 했다. 4학년 졸업반 마지막 작품에서는 '레미제라블'에서 '에포닌'으로 주조연을 해내었다. 새벽까지 연습을 하는 과정에서 나는 아이를 데리러 새벽 3시도 마다않고 달려갔다.

나는 나의 작은별이를 믿었다. 무조건 지지해주는 것. 그것이 '엄마'라는 이름이 가진 사명이라고. 그 작은별은 고등학교 3학년 나이에 대학원을 최연소로 입학했다. 한동안은 서핑에 빠져 양양 바닷가를 누비기도 했고, BTS와 함께 제주 관광 홍보 영상 촬영도 함께 했다. 그리고 지금, 예지는 공연 제작사 콘텐츠 사업부에서 일하고 있다. 자신만의 속도로, 자신의 꿈을 향해, 조용히 그리고 단단히 나아가고 있다.

나는 오늘도 조용히 기도한다. 작은별이 걸어가는 그 길에 언제나 따뜻한 햇살과 든든한 도움의 손길이 함께 하기를.

_ 삼남매의 성장기 : 별 셋, 막둥별이

막둥별이는 작은별이와 연년생으로, 마치 쌍둥이처럼
함께 자라났다. 언니를 쫓아 작은 발걸음으로 따라다니던 은지. 너무나 착한 아이였다. 언니가 물려주는 옷을 입으면서도,
"예쁜 옷을 주어서 고마워요."
환하게 웃던 막둥별. 가진 것을 남에게 모두 나누어 주고, 정작 자기 몫은 남기지 않던, 천사 같은 아이였다. 분홍색 핀과 하늘색 핀을 선물받으면 언니가 먼저 고르고, 남은 것을 가졌다. 언

니가 늘 분홍색을 먼저 가져가고, 본인은 하늘색을 고이 쥐었다. 그러던 어느 날, 언니가 하늘색을 먼저 고르자, 남은 분홍색 핀을 집어 들고 은지는 마냥 행복해했다.

그 작은 손에 쥐어진 핀 하나에도 은지는 환한 미소를 지을 줄 아는 아이였다.

은지가 돌을 갓 지난 어느 날이었다. 내 손목시계를 가지고 놀던 은지가 작은 실수로 뺨에 상처를 입었다. 놀라 병원으로 달려갔지만, 성형외과에서는 너무 어리다며 성장기를 지난 후 상태를 봐야 한다고 했다. 다행히 지금은, 그 흉터가 거의 보이지 않을 정도로 희미해졌다. 피곤에 지쳐, 잠시 눈을 붙인 엄마를 쉬게 해 주며 혼자 놀다가 생긴 작은 사고. 그날의 미안함은 오래도록 내 가슴에 남았다.

그러던 어느 날, 막둥별 은지가 삐친 목소리로 말했다. "엄마, 나 이제 착하게 살지 않을 거예요. 사람들이 바보라고 놀려요."

늘 양보만 하던 은지, 속이 상할 만도 했다. 나는 아이를 품에 안고 조용히 달랬다. "양보하면 내가 손해 보는 것 같지만, 어느 순간에 나에게 더 좋은 일이 생기는 거야" "속상해 하지 말아 울 애기"

어느 날 은지가 조심스레 물었다. "엄마, 나 커서 어떤 일을 하면 좋을까?" 나는 웃으며 답했다.

"네가 좋아하고 재미있는 일을 해. 힘들어도 재미있으면 버텨낼 수 있을 테니까."

언니가 남들보다 빠른 속도로 진학했던 것을 봐서였을까. 은지는 중학교 입학 첫날부터 말했다.

"나, 중학교 다니기 싫어."

나는 간절히 바랐다. 제발 중학교만이라도 졸업해다오. 다행히, 은지는 중학교를 무사히 졸업했다. 그리고 고등학교는 검정고시를 통해, 고2 나이에 대학에 입학했다.

미디어를 전공한 은지는 대학원을 졸업한 후, 지금은 게임회사에서 자신의 재능을 꽃피우고 있다. 책을 좋아하고, 나보다 남을 먼저 돌아볼 줄 아는 아이. 가끔 내 옆에 조용히 다가와 앉아 살짝 기대어 묻곤 했다.

"엄마, 나도 잘하고 있는 거 맞지?"

그럴 때마다 나는 아이의 등을 조용히 토닥이며 말했다. "네가 얼마나 잘하고 있는지, 엄마는 누구보다 잘 알고 있어." 막둥별이는 언제나 묵묵하게, 그러나 성실하게 자기 길을 걸었다.

나는 그 아이의 선택을 믿었고, 그 믿음은 지금의 막둥별이가 스스로 설 수 있게 한 힘이 되었다.

_ 그리고, 나

아이들은 모두 다른 별빛을 품고 자라났다. 세 아이의 성장 과정을 따라가며 나는 수 없이 흔들렸고, 수 없이 웃었고, 수 없이 나 자신에게 물었다.

"나는 좋은 엄마일까?" "엄마란 어떤 사람일까?"

그리고 이제는, 그 질문에 이렇게 조용히 대답할 수 있다. "나는, 그저 그 아이들과 함께 자라왔어요."

이제 그 별들이 각자의 자리에서 빛나고 있는 지금, 나는 조용히 고개를 들어 그 별들을 바라본다. 그리고 매일 아침 기도한다.

"오늘도 잘 지내고 있니?"

"어디에 있든, 너희는 엄마의 가장 소중한 별이야."

나의 세 번째 스무살 _ 다시 나로 살아가기

"이 나이에도, 다시 시작할 수 있다."

_ 피아노와 파이프오르간, 나의 인생을 지켜준 친구들

내가 처음 피아노 학원의 문을 열었던 건 예닐곱 살 무렵이었다. 작은 손을 저으며 "안 할래요!" 고개를 젓던 어린 나를 엄마는 조용히 웃으며 놓아주셨다. 그렇게 피아노는 한동안 내 삶에서 멀어졌다.

그러다 중학교 1학년 어느 날, 마치 잊고 지냈던 첫사랑이 다시 찾아온 것처럼 피아노가 조용히 내 마음을 두드렸다.

"피아노 다시 배우고 싶어요."

나는 조심스럽게 말했고, 엄마는 마치 기다렸다는 듯 나를 다시 학원으로 이끌어주셨다.

문을 열고 들어선 교실 안. 베토벤의 소나타, 쇼팽의 에튀드가 울려 퍼지던 그 공간은 두려우면서도 이상하게 설렘이 느껴졌다. '피아노를 내가 할 수 있을까?' 하는 마음도 들었지만, 그보다 더 강한 건 '나도 하고 싶다'는 열망이었다. 내 손끝에서 흘러나온 건 단지 음표가 아니라, 내 안의 꿈, 내 안의 언어였다.

나는 그날부터 피아노 앞에 앉는 일이 세상에서 가장 좋았다. 대학 시절, 레슨을 하며 만났던 어느 아이가 있다. 유난히 손이 작고 약했던 그 아이는 늘 조용히 연습했다.

"선생님, 저도 두 손으로 '엘리제를 위하여' 칠 수 있어요?"
그 말에 나는 조용히 웃었다.

"그럼. 넌 꼭 해낼 거야."

그리고 몇 주 뒤, 그 작은 손이 곡을 완성했을 때 나는 마음속으로 울고 말았다.

그때 처음 알았다. 연주자가 되지 못해도 괜찮다는 걸. 누군가의 음악을 이끌어주는 사람이 되는 일, 그것도 내 삶의 길이라는 걸.

결혼 전까지, 하얀 그랜드 피아노 앞에 앉아 있는 시간이 내게 가장 즐거운 시간이었다. 아버지께서 열어주신 작은 피아노 학원은 내 열정이 살아 숨 쉬던 무대였다. '피아노 페다고지' 졸업연주를 위해 세종문화회관 무대에 올랐던 날.

조명보다 건반 아래에서 올라오는 진동에 더 심장이 뛰었다.

그 순간만큼은 세상 누구보다 행복한 연주자였다.

그리고 28살. 오스트리아 그라츠에서 피아노 워크숍에 참여하며 유럽의 여러 도시를 여행했다. 베니스의 운하, 스위스의 알프스, 파리의 낭만. 그 모든 장면이 피아노와 함께한 나의 청춘으로 남아 있다.

하지만 어느 순간, 삶이 예상과 다른 길로 흐르기 시작하면서 나는 또 다른 악기를 만나게 되었다. 바로 파이프오르간이었다. 낙원상가 오르간 매장 앞에 멈춰 섰던 그날, 나는 첫아이를 품고 있었다.

직원의 머뭇거리는 눈빛에 말없이 돌아섰지만, 그 묵직한 두드림은 내 마음 어딘가에 깊게 남았다. 몇 해가 지나 김해 장유에서 만난 지인을 통해 그 불씨가 다시 살아났다.

부산까지 왕복 60km를 오가며 나는 오르간이라는 새로운 세계에 발을 디뎠다. 처음에는 발 페달과 세단 건반이 낯설었지만 시간이 지날수록, 그 깊은 저음의 울림이 마치 누군가 내 안을 조용히 어루만지는 듯 느껴졌다.

"요즘 왜 이렇게 바빠?" 남편이 물었을 때,

나는 웃으며 대답했다.

"나, 바흐 할아버지랑 연애 중이야."

지금도 나는 매일 새벽, 아무도 없는 교회 파이프오르간 앞에 앉는다. 그곳은 내 기도처이자, 쉼터이자, 세상과 내 마음 사이를 이어주는 언어의 집이다. 잡념은 사라지고, 건반 하나, 페달 하나에 온전히 집중하면 나 자신으로 다시 돌아올 수 있다.

내 마음이 흔들릴 때, 삶에 지치고 무너질 때, 건반 위의 선율과 페달 아래의 울림이 나를 붙잡아주었다. 그리고 정말로, 죽고 싶을 만큼 힘들었던 어느 새벽. 새벽기도를 마치고 텅 빈 본당으로 들어갔다.

불 꺼진 성전 안. 오르간 박스 조명아래, 나는 조용히 오르간 앞에 앉아 바흐의 프렐류드와 푸가를 연주하기 시작했다. 눈을 감고 건반을 누를 때마다 슬픔은 소리로 바뀌었고, 눈물은 음악이 되어 흘러나왔다. 그렇게 한참을 연주하고 나면 이상하게도, 마치 언제 힘들었냐는 듯 괜찮아졌다.

나는 또 하루를 살아냈다. 하루하루, 그렇게 살아냈다. 그리고 그 하루들이 모여 지금의 나를 만들었다.

피아노와 오르간. 이 두 악기는 단지 음악이 아니었다. 내 삶을 붙들어준 언어, 내 영혼의 기도, 그리고 나의 가장 오래된 친구였다. 나는 오늘도, 그 친구들과 함께 조용히, 그러나 단단히 살아간다.

그리고 어느 순간, 건반 위의 음처럼 조용히 나에게 말을 건넨 또 하나의 친구가 있었다. 그것은 바로, '글쓰기'였다.

_ 글쓰기와 책이 내게 준 위로

언제부터인가 내 손은 자연스럽게 책을 향하고 있었다. 시끄러운 세상 속에서 나와 마주할 수 있는 시간. 그것이 내게는 쉼이었다.

집 안 곳곳에 쌓인 책들, 손만 뻗으면 닿는 자리에 책이 있다는 것만으로 내 삶은 풍요로웠다. 책은 언제나 내게 말을 걸어왔고, 나는 조용히, 그러나 분명하게 대답했다.

삶의 전환점이 되어준 독서 모임이 있다. 이름은 "도스토예프스키와 저녁 식사를." 단순히 책을 읽는 자리가 아니라, 삶을 나누고 감정을 건네는 따뜻한 공간이었다.

익산에서 기차를 타고 매달 대전으로 향하던 시간. 그건 단순한 '독서'가 아니라 삶의 숨구멍을 찾아가는 여정이었다.

모임의 조건은 감상문 제출. 처음엔 줄거리만 요약하던 글이, 어느새 작품 속 인물과 나의 삶을 연결 짓는 글이 되었다. 그때부터 나는 '남에게 보여주는 글'이 아니라 '나를 위한 글'을 쓰기 시작했다.

글쓰기는 그렇게, 오래전부터 내 안에 자리하고 있었다. 12년 전, 비공개 블로그에 일상을 적어내려가기 시작했다. 누군가에게 보여주기 위한 글이 아니었기에 더 솔직했고, 더 자유로웠다. 하루의 시작, 책 한 줄을 소리 내어 읽는것만으로도 마음 깊은 곳이 차분해졌다. 하루의 끝엔 책을 읽으며 숨을 고르고, 내 마음을 다독였다.

도스토예프스키의 『가난한 사람들』을 읽던 어느 날, 러시아에서 보낸 시간이 떠올랐다. 춥고 어두운 겨울. 살기 위해 무엇이든 훔쳐야 했던 사람들. 그리고 그 추위 속에서 남편이 아기를 안고 맨홀로 떨어졌던 밤 이 떠올랐다. 없어진 맨홀뚜껑도 가난한 사람들의 하루를 위해 쓰였으리라.

남편은 상처투성이가 되었지만, 아기는 무사했다. 그 광경은 책 속 인물처럼 문득 내 안에서 되살아났다. 그때 알았다. 글은 단순히 기억을 붙잡는 도구가 아니라, 고통을 껴안아주는 치유의 언어라는 것을.

책을 읽고, 글을 쓰고, 그 안에서 내 감정을 정리하고 내 안의 나를 꺼내놓는 그 과정 속에서 나는 수없이 위로받았다. 그래서 나는 별셋에게도 책을 가까이 하라고 말한다.

문학적 빈곤에 머무르지 않도록. 생각이 깊어지고, 마음이 넓어지도록. 책은 자라나는 아이들에게 내가 줄 수 있는 가장 값진 선물이었다.

별셋과 함께 도서관을 찾던 시간, 잠자기전 책을 읽어주던 밤. 그 순간들이 지금 우리 가족을 만든 시간이었다.

나이가 들어갈수록, 책은 더 가까운 친구가 되었고 글쓰기는 쉼터가 되었다. 글은 아직도 서툴고, 때로는 내 마음을 다 담지 못해 아쉽지만 그럼에도 나는 계속 쓴다. 책을 읽으며 살아온 시간을 정리하고, 글을 쓰며 살아갈 이유를 떠올린다. 이제 나는, 삶이 말을 걸어올 때, 오늘도 조용히 글로 대답한다.

_ 물에 뜨는 법, 삶에 뜨는 법
: 수영과 삶, 천천히 나아가는 연습

삶이 언제나 고요한 말로 다가온 것은 아니었다. 어느 날은, 내 몸을 통째로 흔드는 아픔으로 다가왔다.

내 몸이 나에게 말을 걸어왔다 병이 나에게 건넨 멈춤의 신호. 삶이 자꾸만 나를 몰아세우던 지난 시절, 나는 내 몸이 보내는 신호를 너무 늦게 알아차렸다. 몸은, 마음보다 먼저 지쳐 있었고 나는 그제야 멈춰 설 수밖에 없었다.

12년 전, 이유 없는 알레르기로 병원을 찾았다. 하지만 의사들의 말은 한결같았다.

"방법이 없습니다. 약을 먹으며 지켜보는 수밖에요."

그 말 앞에서 나는 작아졌고, 불안과 두려움 속에 일상은 천천히 무너져갔다.

그러던 어느 날, 둘째 예지와 함께 학교 행사에 참석하던 길. 갑자기 온몸이 반응하기 시작했고 약을 먹으며 하루를 넘겼지만 결국 집에 돌아와선 전신 발진과 고열로 입원했다. 일주일 뒤, 남편은 해외 일정으로 출국하게 되었고 나는 퇴원한 채 집에 홀로 남겨졌다. 그리고 그 다음날, 갑작스러운 쇼크 증상이 찾아왔다. 마침 싱크대 수리를 위해 집에 왔던 A/S 기사님 덕분에 가까스로 병원에 실려갈 수 있었다.

그 일이 지나간 후에도 약물 부작용으로 급성 당뇨가 찾아왔고 나는 다시, 치료와 통제 속의 삶으로 들어서야 했다.

9년 전 익산으로 이사 온 후, 나는 수영과 저주파 치료를 병행했고 꾸준한 운동덕분에 당 수치를 안정적으로 관리할 수 있었다. 그 시절은, 무너졌던 삶을 다시 짜맞추는 시간이었다.

하지만 최근, 허리 통증이 시작되면서 몸과 마음이 함께 흔들리기 시작했다. 몸이 아프면 마음도 약해진다는 걸 나는 다시금 깊이 느낀다.

그래서 나는 결심했다.

다시 시작하자. 운동 1일 차.

러닝머신 위에서 천천히 걷다가, 속도를 높였다가, 다시 숨을 고르며 걷는다. 내게 맞는 속도를 찾아가며 내 안의 두려움과 마주하고 있다. 몸이 아프다는 건, 삶이 내게 보내는 메시지였다.

"잠시 쉬어가도 괜찮아." "이제는 나를 먼저 돌봐야 해."

나는 오늘도 천천히 걷는다. 달리지 않아도 괜찮다고,

넘어져도 다시 일어설 수 있다고 스스로를 다독이며 삶을 건강하게 살아내기 위해 나는 하루를 소중히 쌓아가고 있다.

그리고 마침내, 물속에 몸을 띄우는 그 작은 용기처럼, 나는 다시 '천천히 나아가는 법'을 배우기 시작했다.

나는 수영을 잘하지 못한다. 물속에 들어가면 불안이 먼저 밀려오고, 물살을 가르는 사람들을 보며 한참을 망설이기도 한다. 수영장엔 다양한 사람들이 있다. 힘차게 자유영을 하는 사람, 천천히 물 위를 걷듯 배영하는 사람, 처음 물에 들어와 발차기를 배우는 사람까지. 각자의 리듬으로, 각자의 호흡으로 자신만의 물살을 만들어간다.

나도 9년 전, 처음 수영 강습을 받았다. 하지만 몇 년을 쉬다 다시 시작하니 몸도 마음도 익숙해지지 않았고, 다시 처음부터 배워야 했다. 그럼에도 수영장에 다시 나선 이유는 어쩌면 '물에 뜨는 법'이 아니라 삶에 뜨는 법을 배우고 싶어서였는지도 모른다.

수영을 하려면 숨을 참고, 고개를 내밀고, 다시 숨을 쉬고, 발을 차야 한다. 겉으로는 단순해 보이지만 몸 전체의 힘을 빼지 않으면 물속에선 곧 가라앉는다.

삶도 그렇다. 불안할수록 몸에 힘이 들어가고 긴장할수록 마음이 가라앉는다. 하지만 힘을 빼면 몸은 물 위로 자연스럽게 떠오른다.

나는 아직 수영을 잘하지 못한다. 하지만 물에 가라앉지 않는다는 것만으로도 스스로를 칭찬해주고 싶다. 조금씩, 천천히 나아가고 있다는 것. 그것만으로도 충분하다고.

삶도 수영과 같다. 내게 맞는 깊이를 찾아야 하고, 나에게 익숙한 속도를 지켜야 한다. 남을 따라가려 하면 오히려 지치고, 수면 아래로 가라앉고 만다.

때로는 삶이 너무 깊어 보이고 나 혼자만 뒤처지는 것 같지만 그럴 때마다 나는 마음속으로 말한다.

"조금만 더 견뎌보자. 조금만 더 가보자. 곧 익숙해질 거야."

수영장 벽 끝에 다다랐을 때, 나는 작게 혼잣말을 한다.

"애썼어."

"괜찮아. 이만하면 잘했어."

"다음엔 조금 더 힘을 빼보자."

그리고 나는 다시 물속으로 몸을 던진다.

천천히, 그러나 꾸준히. 삶도 그렇게, 조금씩 익숙해지고, 조금씩 가볍게 떠오르면 좋겠다. 그리고 그 물살 위에서 나는 문득, 엄마의 시간 속에서 걸어온 나의 발걸음을 떠올리게 된다.

_ 엄마의 시간 속으로
: 원피스를 입고 거울을 마주하다.

며칠 전, 옷장 속 깊숙이 걸려 있던 오래된 원피스 하나가 눈에 들어왔다. 그 옷은 오래전, 내가 엄마께 선물로 사드렸던 것이었다. 기억을 더듬어보니, 그때 엄마의 나이는 지금의 나와 비슷했다.

지금은 여든여섯이 되신 엄마. 그 시절과는 또 다른 모습으로 여전히 내 삶에 함께 머물러 계신다.

나는 조심스레 원피스를 꺼내 입고, 거울 앞에 섰다. 거울 속 내 모습과 마주한 그 순간, 자연스럽게 그때의 엄마가 떠올랐다.

허리가 22반이었던 날씬하고 단정한 엄마. 백화점 쇼윈도 앞, 내가 고른 원피스를 입고 환하게 웃으시던 모습. 그 웃음은 세월을 지나도 흐려지지 않고 지금도 선명하게 마음속에 남아 있다.

그 시절의 엄마는 참 곱고 아름다웠다. 나에게 세상의 모든 것을 가르쳐주신 스승이자, 혹독한 세상 속에서도 나를 품어주신 따뜻한 사람. 이제는 많이 연로하셨지만, 그 삶의 깊이와 사랑은 오히려 더 깊고, 더 찬란하게 빛나고 있다.

그날, 거울 앞에 선 나는 그저 옷을 입은 것이 아니었다. 엄마의 시간을 입고, 엄마의 삶을 따라 걸어보는 기분이었다. 한 벌의 원피스가 사랑과 세월이 담긴 기억의 통로가 되어 나를 천천히,

엄마의 하루들 속으로 데려가 주었다.

서울에 계신 엄마와, 호남에 사는 나. 환경상 자주 만나지는 못하지만 나는 매일 엄마에게 전화를 드린다. 그 짧은 통화 속에서 엄마는 늘 이렇게 말씀하신다.

"너 같은 딸은 없어. 최고야."

그 말 한마디에 나는 묵묵히 이어온 시간들이 사랑으로 덮여지는 걸 느낀다. 나는 그저 내가 할 수 있는 최선을 다하고 있을 뿐이지만, 엄마는 언제나 그 마음을 다 알아주신다. 세상엔 수많은 옷이 있고, 수많은 추억이 있다.

하지만 엄마의 원피스는 엄마와 나를 이어주는 작고 조용한 연결고리다. 오늘도 나는 그 원피스를 입고 거울을 바라보며 엄마의 시간 속으로 한 발짝 걸어 들어간다.

그리고 그 길에서, 나는 사랑을 다시 입는다. 그리고 깨닫는다. 이 모든 이야기가 결국 나로 살아가는 또 하나의 이유였다는 것을.

나는 사랑을 다시 입는다.
나의 세 번째 스무살, 다시 나로 살아가는 용기
"이 나이에도, 나는 여전히 나로 살아갈 수 있다."
음악, 책, 병, 수영, 그리고 엄마.
모두가 나를 다시 '나'로 만들어준 친구들이었다.

나는 아직 부족하고 서툴지만,

그럼에도 나는 내 삶에 대답하며 살아가고 있다.

삶이 말을 걸어올 때,

나는 오늘도 조용히 글로 대답한다.

미 류

표현예술심리상담사, 영문학 박사, 즉흥춤아티스트
유방암 트라우마와 콤플렉스로부터
32년에 걸친 치유 여정 글쓰기.
영혼의 동물인 '백경 모비딕'을 좇으며 문학치유.
동작중심 표현예술치유로 암에서 춤을 발견.
현재 예술심리상담과 아로마테라피를 하는
'아나사 리트릿'을 운영하며
암환우의 치유와 성장을 돕고 있다.
『커리어 차별화 전략』, 『다시 태어나는 여신』 공역
『우리는 지구를 떠나지 않는다』 공저
블로그 blog.naver.com/dancingunicorn8
유튜브 youtube.com/@anassa_retreat

춤으로 다시 나를 껴안다

20대말에 유방암 3기로 가슴 하나를 잃다

암을 잊게 한 내 영혼의 동물 고래 '백경 모비딕'

'암에서 춤으로' 표현예술치유 스승 안나 할프린

누드 비치에서 옷을 벗다! 굿바이 가슴 콤플렉스

아름다운 나를 사랑하는 여정, '아나사 리트랏' 개원

20대 말에 유방암 3기로 가슴 하나를 잃다

대학에서 영문학을 전공했던 나는 시사적인 정보도 얻고 영어공부도 할 겸 영문 잡지인 『타임 Time』지를 구독하여 꾸준히 읽어왔다. 1991년 1월 타임지 표지는 '유방암'에 관한 내용이었다. 당시 미국 여성의 유방암 발병률이 10명 중 한 명꼴로 점점 높아지고 있으며, 유방암의 구체적인 증상 및 치료 방법에 관해 다루었다. 이 기사를 읽을 때만 해도 나와는 전혀 무관한 다른 나라의 남의 얘기로 접했다. 생소했던 유방암과 관련된 전문적인 의학 용어들을 하나씩 사전에서 찾아가며 공부하기 바빴다.

그런데 1993년 4월 초에 왼쪽 유방의 아랫부분에 좀 단단한 몽우리가 손에 만져졌다. 그 크기가 좀 컸지만 통증은 전혀 없었다. 불현듯 예전에 읽었던 유방암에 관한 『타임』지 내용이 잠시 떠올랐지만, 미혼의 젊은 나와는 전혀 상관없는 일이라고 생각했다. 그래도 건강 검진하는 가벼운 마음으로 엄마와 함께 병원에 검사 받으러 갔다. 외과 의사는 내 가슴의 몽우리 이야기를 듣고 간단히 촉진한 후 X-ray 촬영을 권했다. 촬영 결과는 다음 진료에서 확인하기로 예약하고, 의사는 내가 젊은 나이에 미혼이니 너무 걱정하지 말라고 안심시켜주었다.

X-ray 촬영 결과를 확인하기 위해 다시 병원에 찾아갔을 때, 의사는 사진에 하얀 색의 석회가 점점이 여기저기 많이 산포되어 있는 것을 보여주었다. 유방암에 대한 의심이 드니 조직검사를 해보자고 했다. 당시 조직검사는 유두의 유륜 부위 일부를 절개한 뒤 유방 조직을 떼어내서 검사를 시행했다. 조직검사까지 받고 보니 가볍게 넘겨버릴 일이 아니었다. 혹시나? 그럴리가? 이런저런 두려움과 초조함이 엄습했다.

며칠 뒤, 조직검사 결과를 듣기 위해 엄마와 병원에 같이 갔다. 의사는 결과가 좋지 않다고 말하며 잠시 의료진과 회의를 한 후 최종적인 결론을 알려주겠다고 했다. 나는 왠지 느낌이 불길하여 초조한 마음으로 안절부절못했다. 결국 의사는 나에게 유방암 3기로 최종 진단을 내리고 얼른 입원해서 유방절제 수술을 받도록 권했다.

전혀 상상도 못한 일이라 너무나 놀라서 의사의 진단을 쉽사리 받아들일 수가 없었다. 엄마도 깜짝 놀라서 아무 말도 못하셨다. 그때 의사는 내가 충격을 받을까봐 우려해서인지 나에게는 유방암 3기에 6개월 정도 살 수 있다는 말을 하지 않고 엄마에게만 알렸다. 그 사실은 일년이 지나서야 알게 되었다.

그날 경희대학교 병원에서 받은 청천벽력같은 유방암 진단을 그대로 받아들일 수 없어서, 같은 날 오후, 가까운 거리에 있는 고려대학교 병원에 가서 다시 진료를 받았다. 의사는 타병원의 결과를 인정할 수 없으니 그 병원에서 X-ray 촬영과 조직검사를 다시 받아야 한다고 했다. 허탈한 마음으로 집에 돌아오는 길에 한번 더 집 근처에 있는 암 전문 병원인 원자력 병원을 찾아갔지만, 상황은 마찬가지였다.

하늘이 정말 노랗게 보이고, 세상이 나만 홀로 세워 두고 빙빙 돌아가는 것만 같았다. 당시 사귀고 있던 남자 친구에게 이 결과를 전했다. 그는 믿어지지 않는 듯 그저 놀랄 뿐 그 역시 내게 어떠한 위로의 말도 해줄 수 없었다. 집으로 돌아가는 발걸음이 너무나 무거웠고 가족들을 어떻게 만나야 할지 두렵고 당황스러웠다.

엄마와 아빠, 그리고 동생들은 놀란 나를 따뜻이 맞아주며 너무 걱정하지 말라고 안심시켜 주었다. 그러나 가족 모두가 나에게 암 그것도 유방암이란 진단이 내려졌다는 사실을 쉽게 믿을 수가 없었다. 나는 평소 매우 건강했고, 별다른 통증이나 증상도 없이 내려진 진단이었기 때문이다. 28세의 처녀가 유방암에 걸리는 일은 그 당시 매우 생소한 일이었다.

30년 전쯤에는 일단 암 진단을 받으면 죽을 수도 있는 불치의 치명적인 병으로 여겼다. 그래서 가족들은 혹시나 모르니 다른 병원에 가서 한번 더 검사를 받아보자고 말하고 모두 무거운 마음으로 그날 밤을 보냈다. 다음날 아침 일찍, 아마도 9시도 안 된 이른 시간에 경희대학교 병원으로부터 전화가 왔다. 입원 절차를 밟으라는 것이었다. 우리 가족은 깜짝 놀라서 내 상태가 매우 위급한 것으로 생각하고 입원을 서둘렀다. 입원 수속을 마치고, 그 다음날 오전 중에 내 수술 일정이 잡혀져 있어서 수술에 필요한 각종 검사를 받았다. 그리고 다음 날 아침, 나는 엉겁결에 수술대에 오른 채, 전신 마취 상태로 3시간 정도 왼쪽 유방과 겨드랑이 임파선을 잘라내는 절제 수술을 받았다.

의식이 돌아왔을 때, 병실 침대 위에서 제일 먼저 눈에 들어온 것은 왼쪽 유방의 살이 전부 없어져서 푹 꺼진 채 가슴을 빙 둘러싼 하얀 천이었다. 도대체 나에게 무슨 일이 일어난거지? 갑작스런 유방암 진단으로 놀란 가슴을 쓸어 내릴 시간도 없이, 하룻밤만에 내 한쪽 유방이 사라졌다..

전신 마취로 의식하지 못한 채 일어난 일이라 마치 한쪽 유방을 도둑에게 도난당한 것 같았다. 젊은 여성이 순식간에 유방 한쪽을 잃어버린 상실감은 암으로 죽을지도 모른다는 공포보다도 훨씬 더 컸다. 만일 전신 마취가 되지 않았다면, 왼쪽 유방이 절제되는 수술을 받는 동안 내 몸에 무슨 일이 일어나는지 세세하게 그 고통을 느낄 수 있었을 것이다. 하지만, 어떻게 마취하지 않은 채 그 고통을 고스란히 감당할 수 있겠는가? 마취 덕택에 의식 차원에서 수술의 고통은 피할 수 있었으나, 무의식 차원에서 내 온 몸은 그 고통의 감각을 간직하고 있었다.

조금만 놀라도 심장이 쿵쾅거리고, 호흡의 길이도 짧다. 이야기하는 중에 갑자기 눈을 크게 뜨고 말할 때가 종종 있어서 사람들에게 지적을 받곤 했다. 그리고 기도와 숨통이 막힌 듯 소리를 밖으로 내기가 힘들었다. 안데르센 동화에 나오는 인어공주가 인간의 두 다리를 얻을 때 마녀에게 목소리를 잃어버리는 장면을 읽을 때면 내 이야기처럼 느껴졌다.

하지만 이러한 증상들이 모두 암 트라우마로 생긴 현상이었다는 사실을 17년이란 긴 세월이 흐른 뒤, '소마틱스'(Somatics, 몸학)에 기반한 표현예술치유를 공부하면서 알게되었다. 전신 마취로 정신은 의식하지 못했지만, 몸은 수술 중 육체적으로 겪게되는 충격을 기억한다. 트라우마와 같은 충격은 척추 신경과 근육 및 여러 신체 부위에 무장 상태로 저장되어 있다.

몸(body)과 마음(mind)을 물질과 정신으로 구분하는 것이 아니라, 서로 연결되어 하나로 통합되었다고 보는 관점이 소마틱스이다. 그리스어로 몸을 가리키는 '소마'(soma)란 용어는 바로 '정신이 깃든 살아있는 몸'이다. 몸을 움직이면 인식의 자각이 일어나고 정서도 함께 변한다. 개개인이 각자 고유한 존재로서 서로 다르듯이, 개인의 몸 또한 고유하며 다 다르다.

의사는 퇴원 후 6개월 항암치료 처방을 권했지만, 나는 딱 3개월만 따르고 병원에 더이상 발을 끊었다. 의사를 만날 때마다 치유가 된다거나 힘든 마음이 위로받는 것 같지 않았다. 오히려 앞으로 삶이 얼마 남지 않은 것만 같은 불길한 예감이 들게 했다. 더구나 그당시 하고 있던 대학원 공부도 그만두도록 제안받았을 때는 내 자존감도 무너뜨리는 것 같아 불쾌하기까지 했다.

그래서 시중에 출간된 유방암 및 다른 암 치료 관련 책들을 읽으며 스스로 건강을 회복하는 방법을 찾았다. 그 결과, 건강 유지와 회복에 도움이 되는 가장 근본적인 2가지가 호흡과 스트레스 관리라는 판단이 섰다. 건강한 숨쉬기를 위해서는 미네랄 풍부한 양질의 신선한 산소를 들이마시는 일이 중요하다. 그리고 노 스트레스 No Stress! 가능한한 스트레스가 적거나 없는 삶을 선택하는 일이다.

양질의 산소를 마시며 숨쉬기가 편하고, 스트레스에서 벗어날 수 있는 두 조건이 모두 충족되는 곳은 나에게 바닷가였다. 끊임없이 바람이 부는 바닷가의 신선한 산소를 들이마시며, 맨발로 음이온 가득한 모래사장을 걸었다. 파도 소리를 들으며 끝없는 밀물과 썰물의 리듬을 느꼈다. 천연 비타민 D가 풍부한 태양

빛을 쬐면서 모래 위에 누워 일광욕도 즐겼다. 바닷물에 입수하여 천연 소금물로 몸을 소독하고 수영도 했다. 푸른 바다와 파란 하늘을 한없이 멍때리며 바라보면서 바다멍을 하면 어느새 복잡한 머리는 고요해졌다.

사람이 치유해줄 수 없을 때에는 저절로 자연을 찾아간다. 인도네시아의 발리섬 사람들은 자연을 '진짜 엄마 Real Mom'이라고 부른다. 얼마나 살 수 있는지, 완치도 보장할 수 없는 암 진단을 받고 보니 의사도, 가족도, 친구도 의지가 되지 않았다. 시시때때로 이유없는 반항심과 삐딱한 심술이 스멀스멀 올라왔다. 삶도 사람도 별로 기대할 수 없는 상황에서 어디로든 내가 아는 사람들과 환경으로부터 멀리멀리 도망치고 싶었다. 미치도록 외롭고, 왠지 모르게 두렵고, 살아내느라 숨이 탁탁 막힐 때면, 나는 무작정 바다로 달려갔다.

바다는 내 숨통을 트여주고, 벌렁거리는 심장과 폐에 신선한 공기를 한껏 넣어준다. 바다는 파도 소리로 자장가를 들려주며 불안에 떠는 나를 잠잠하게 해준다. 외로움으로 몸부림치는 나를 말없이 반겨주고 넉넉히 품어주는 바다는 '진짜 엄마'였다! 비싼 비용을 지불하면서 스트레스도 잔뜩 받는 병원행 대신에 나는 바닷가에서 공짜로 천연 항암치료를 받으며 스트레스도 바닷 바람에 휘리릭 날려 버렸다.
　그렇게 나는 암과의 싸움에서 30년 넘도록 건강하게 살아남았다.

암을 잊게 한 내 영혼의 동물 고래 '백경 모비딕'

한국외국어대학교 대학원에서 영문학 석사 2학기 과정 중에 유방암 진단을 받고 수술을 했다. 당시 내가 관심있게 읽고 있던 책은 19세기 미국 작가 허먼 멜빌이 쓴『백경 모비딕 』이라는 소설이었다. 신생국 미국의 산업 발전에 토대가 되었던 고래 기름을 얻기 위해서 먼 바다로 나가 고래를 잡는 포경업을 다룬 남성 선원들의 거친 해양담이다.

그런데 이 소설은 표면상 주요한 여성 인물이 없어서 여성 독자인 내가 감정이입을 해서 공감할 수 있는 내용이 크게 없었다. 그럼에도 불구하고 책을 손에서 내려놓지 못하는 묘한 매력이 있었다. 딱히 꼬집어 말할 수 없었지만 내 안에서 소용돌이 치는 삶의 근원적인 질문들에 대해 어떤 실마리를 찾을 수 있을 것 같았다.

『백경 모비딕』은 600 페이지가 넘는 장편소설로 작가는 마치 고래백과사전처럼 상당량의 분량을 고래의 생태에 관해 썼다. 서울이라는 도시에 살고 있고 주로 내 삶의 많은 시간을 대학교 캠퍼스와 도서관에서 보내던 나는 이 책을 탐독하면서 저 멀리 바다 깊은 곳을 유영하는 고래를 좇았다.

포유류인 고래의 다양한 종류와 생태에 대해 자세히 알게 되면서 지구상에서 몸이 가장 큰 고래를 상상 속에서 만났다. 육식을 하며 다른 고래도 공격하는 범고래를 제외하고는 대부분의 고래는 거대한 크기와 힘을 가진 동물이지만 결코 폭력적이지 않다. 고래는 지능이 매우 높으며, 음파로 먼 거리에서도 소통할 수 있다. 포유류로 새끼를 낳아 젖을 먹이는 고래는 모성애가 강하다. 또 고래가 거구의 몸을 바다의 수면 위로 높이 띄우며 회전하는 모습을 상상하면 그 경이로움에 입이 다물어지지 않는다.

길을 잃고 정처없이 방황하며 외로웠던 나의 항암 투병 시절에 내 영혼의 동반자로서 고래가 나를 찾아와 오랜 세월 동행해주었다.

대부분의 사람들이 일단 암에 걸리면 자신의 몸을 불신하게 된다. 몸은 병이 걸릴 수 있고, 아플 수 있고, 심지어 죽을 수도 있기 때문에 마음놓고 편히 지낼 수 있는 안전지대가 결코 아니다. 앞으로 살아갈 날이 6개월 정도 남았다는 의사의 진단을 들었을 때, 나 역시 내 몸을 신뢰할 수 없었다. 특히 5년 안에 암이 재발하고 전이할 수 있다는 심리적 불안감과 두려움으로 위축된 몸은 늘 긴장되어 있다.

몸이 두려울 뿐만 아니라, 가리고 싶은 한쪽 가슴의 상처로 잔뜩 움츠리고 있던 나에게 내 영혼의 동물 고래는 지구에서 가장 큰 몸을 가진 당당하고 아름다운 모습을 보여주었다. 나의 시선은 깊은 바다 속을 유영하는 고래의 거대한 몸체에 머물렀다. 그 거구의 몸체가 수면 밖으로 물을 품어 올리고, 몸을 구르며, 수면 위로 높이 뛰어올라 회전하는 쇼를 보여 주는 모습은 너무나 경이로웠다.

따지고 보면 아주 조그만 크기의 암세포에 대한 공포에 잔뜩 겁을 먹어서 그에 비하면 내 몸 전체는 얼마나 큰지 잊어버렸다. 사실 나의 온 몸은 암세포의 크기에 비할 수 없이 훨씬 더 경이롭고 신비로운 소우주이다. 치명적인 병에 걸릴 취약함도 있지만, 몸 안에 자연치유력까지도 이미 보유되어 있다. 몸을 다시금 새롭게 보게 해준 내 영혼의 동물인 고래가 내가 잊고 있던 이 귀중한 진실을 일깨워 주었다. 그래서 내 몸을 다시 믿어보기로 선택했다.

인디언 원주민들은 동물을 인간보다 열등한 존재가 아닌 영혼의 안내자로서 신성하게 여겼다. 꿈 속에 어떤 동물이 나타나거나 혹은 주변에 어떤 동물의 이미지나 형상이 자주 눈에 띄면 그 동물이 내 영혼에 도움을 주는 안내자로서 맞이했다. 영혼의 동물은 세가지로 분류될 수 있다. 첫번째로 본성에 가까운 동물로서 내 자신의 성격과 능력이 유사한 동물이다. 두번째로 어떤 특정 시기에 나타나서 필요한 메시지를 전해주는 메신저 동물이 있다. 세번째로 내가 싫어하거나 기피하는 동물로서 그림자 동물이 있다.

영혼의 동물로서 고래는 거대함, 재생성, 무한한 잠재력, 지혜, 영적인 자유, 해방, 진실, 감정의 깊이, 연결성, 장수, 죽음과 부활, 역사적 기록 등을 상징한다. 특히 고래는 저주파 음파 진동을 통해 광대한 바다의 거리를 가로질러 소통할 수 있어서 커뮤니케이션의 뛰어난 능력을 갖고 있다. 고래의 광대한 지성 속에는 아카식 기록(신비학에서 우주와 인류의 모든 기록을 담은 초차원의 정보 집합체)이 보관되어 있어서 모든 생명의 역사에 대한 지식과 경험이 담겨있는 우주의 기록 보관자로서 존경을 받는다.

내 삶이 가장 위기에 처해있을 때 외로운 나의 영혼에 찾아온 고래가 상징하는 바가 매우 흥미로웠다. 고래를 좇으며 나도 몰랐던 나 자신에 대해서 점점 더 알게 되었다. 지나온 삶을 뒤돌아보니 고래라는 동물과 나라는 사람이 여러모로 닮아 있었다.

병원의 통상적인 항암치료 대신 바다에서의 자연치유를 선택한 것은 지금 생각해보아도 무모할정도로 담대한 행보였다.

그러나 나의 무의식과 직관이 영혼의 동물인 고래가 안내하는 길을 따른 것이리라.

고래의 커다란 몸체처럼 나는 무엇이든 스케일과 사이즈가 큰 것을 선호했다. 그리고 강물의 깊이 정도로는 만족하지 못했다. 깊은 바닷속을 다이빙해서 그 심연의 바닥에 닿고 싶은 충동이 늘 가슴 속에 일고 있었다. 우주의 본질에 다양한 질문을 던지며, 세상의 기록 보관서와 같은 대서사시『백경 모비딕』에 매료된 것도 결코 우연이 아니다. 박사 논문까지 쓰느라 젊은 시절과 중년까지 15년 가량 정신적으로 힘들게 씨름을 했지만, 진실을 추구하고 자유를 꿈꾸는 나다운 삶이었다.

책을 읽고 글을 쓰는 과정에서 치유가 일어나는 문학치유 분야가 있다. 유방암이라는 뜻밖의 실존을 맞닥뜨린 상황에서 소설을 탐독하고 논문을 써가는 중에 궁금했던 주제들에 대해 질문을 던지고, 스스로 그 답을 찾아갔다. 신의 존재와 신성, 여성성, 몸, 섹슈얼리티 등의 주제에 대해서 의문을 던질 때마다, 그 해답을 찾아가는 여정에서 내 영혼의 동물 고래가 늘 함께 해 주었다.

남성중심의 포경업에서 고래가 처한 실존을 신성과 페미니즘과 에로티시즘의 관점에서 분석하여 논문을 썼다. 고래를 여성에 대한 은유적 메타포로 읽으면서 가부장제 역사에서 왜곡

되고 훼손된 나의 여성성을 새롭게 회복할 수 있었다. 통제하는 부정적 시선에 갇혀 있는 여성의 몸과 섹슈얼리티를 신성하고 창조적인 관점으로 긍정할 수 있었다. 영혼의 동물 고래와 함께 하면서, 나의 정신적인 여정은 태고에 존재했으나 가부장제로 기억 속에서 잊혀진 위대한 어머니, 여신과 기쁘게 재회할 수 있었다.

상상 속에서만 함께 했던 고래를 직접 두 눈으로 볼 수 있는 기적같은 날이 왔다. 2001년도에 미국 샌디에고 항구로 가서 고래 구경 크루즈에 세 차례 탑승했다. 내 눈 앞에서 고래가 물을 뿜어 올리고, 구르고, 수면 밖으로 튀어 올라오는 모습들을 생생하게 목격하였다. 그 감동은 이루 말로 표현할 수가 없다. 그렇게 고래는 나에게 암을 잊게 해주고 삶을 신비롭게 열어주었다.

'암에서 춤으로' 표현예술치유 스승 안나 할프린

2010년 9월, 47세 나이에 17년간 미루어온 유방암 트라우마와 콤플렉스를 치유하기 위해 1년간 미국 유학을 가기로 결심했다. 그때 중학교 1학년 2학기를 앞두고 있는 어린 딸을 두고 떠나야 하는 엄마로서 미안한 마음과 걱정으로 많은 고민을 했다. 하지만 다행히도 집에서 번역일을 하며 가사일도 적극 분담하고 딸도 잘 챙겨주는 남편 덕분에 용기를 낼 수 있었다.

내가 공부할 곳은 샌프란시스코 북쪽의 마린 카운티에 위치한 동작중심 표현예술치유교육 기관으로 유명한 타말파 연구소(Tamalpa Institute)였다. 전설적인 현대 무용가이자 교육자인 안나 할프린(Anna Halprin, 1920-2021)과 심리학자인 딸 다리아 할프린(Daria Halprin, 1948~)에 의해 창립된 지 50년이 되어간다.

이 연구소의 아름다운 스튜디오는 안나 할프린의 남편이신 환경 건축가 로렌스 할프린이 무용가이자 교육자인 아내를 위해 직접 설계하고 건축했다. 실내는 황토색 벽과 원목나무 바닥에 따스한 햇빛이 잘 스며드는 여러 개의 유리창들로 이루어져 있다. 스튜디오 밖으로 연결된 야외 데크는 키가 큰 레드우드 나무들로 둘러싸여 있다. 그리고 안나 선생님이 사시는 자택도 스튜디오 위쪽에 지어져 있고, 아담한 수영장도 딸려있다.

안나 선생님을 첫수업에서 뵐 때, 90세의 백발이 희끗한 할머니셨다. 불현듯 오랫동안 수수께끼로 남아있던 꿈속의 한 할머니가 기억났다. 유방암 수술로 3주간의 입원 생활을 마치고 퇴원해서 집으로 돌아온 첫날 밤이었다. 앞으로 가족들과 어떻게 지내야 할지 어수선한 마음으로 잠자리에 들었다. 그날 밤 꿈 속에서 나는 등 받이가 없는 동그란 의자에 힘없이 앉아 있었다. 그런데 어떤 낯선 할머니가 "젊은 나이에 웬 죽음의 그림자가 이렇게 드리워져 있나?"라고 말하면서 손에 총채를 들고 앉아 있는 내 몸의 여기저기를 구석구석 정성껏 털어내 주셨다.

잠에서 깨어나서도 총채가 쓸어주던 몸의 감각이 생생했고 뭔지 모를 나쁜 것이 씻겨져 나간 것 같은 좋은 기분이 들었다. 이 할머니의 섬세한 총채질이 어쩌면 내 암을 치유해주었을 거라는 희망의 불꽃을 마음 속 깊은 곳에 숨겨두었다.

고령의 나이에도 안나 선생님은 자세가 꼿꼿하고 목소리도

청명했다. 수업 첫날에 걷는 동작에 대해 하나하나 친절하게 안내하셨다. 마루 바닥에 닿고 있는 내 발을 섬세하게 느끼면서 한 발 한발 걸었다. 내딛는 발걸음마다 골반과 척추가 어떻게 함께 움직이는지 알아차렸다. 두 다리와 두 팔도 어떻게 걸음에 협응하여 움직이는지 주의를 기울였다. 마치 태어나서 처음으로 걸어보는 것 같았다.

　47년 동안이나 살아오면서 아무 생각없이 무수히 반복했던 걷는 동작이 완전히 새롭게 느껴졌다. 걸을 때 두 다리의 발바닥, 발목, 무릎, 고관절 뿐만 아니라 골반, 척추, 어깨, 목, 머리까지 그리고 두 팔도 함께 서로 협응하여 움직이고 있다는 것을 발견하고 유레카!가 터져나왔다.

　아침 10시부터 오후 6시까지, 월요일에서 금요일까지 근 1년에 걸쳐 스튜디오에서 동작중심 표현예술치유 수업을 집중적으로 받았다. 매일 다양한 방식으로 몸을 움직이고, 그림을 그리고, 몸이 하는 이야기를 경청하고 가슴에서 나오는 소리에 귀를 기울였다. 이것을 그림, 글, 소리, 음악, 춤, 공연 등의 다양한 예술매체로 표현하고 동료들과 함께 나누었다. 이러한 작업을 통해 내 인생에서 진정으로 중요한 것들을 창의적으로 탐험하고 발견하면서 근본적인 치유가 일어났다.

　타말파 연구소의 공동 창립자인 다리아 할프린은 이렇게 묻는다. "만일 당신의 몸이 말을 할 수 있다면, 무슨 이야기를 할까요?"

몸은 살아있는 서사로서 신체적, 정서적, 지적 경험이 서로 내밀하게 연결되어 있다. 머리, 목, 가슴, 어깨, 등, 배, 팔과 다리, 골반, 척추, 손과 발 및 신체의 모든 장기와 뼈의 움직임은 우리의 관심을 끌면서 표현하고 싶어하는 에너지와 감정과 기억을 담고 있다. 호기심을 갖고 우리의 다양한 신체 부위들이 담고 있는 삶의 이야기들에 주의를 기울여서 그 경험을 바탕으로 몸을 움직이고 춤을 출 수 있다.

표현예술치유 수업을 받으면서 유방암 수술 시 마취로 인해 유방 한쪽의 살이 절제되는 과정에서 내 몸이 겪었던 고통과 충격이 무의식 속에 갇혀 있다가 내 의식의 표면으로 떠올랐다. 한쪽 유방만 있기 때문에 균형이 깨진 척추가 움직임을 통해 매우 교묘하게 비틀어져 있는 것도 감각할 수 있었다.

깜짝깜짝 자주 놀라고, 안좋은 소리만 들어도 심장이 벌렁벌렁거리고, 호흡의 길이도 짧고, 종종 갑자기 눈을 크게 뜨고 말하는 이유도 유방 절제 수술과 관련되어 일어나는 트라우마 현상이었음을 알게 되었다. 나도 모르게 대인관계와 삶에 대해 방어적인 자세를 취하고, 문제를 직면하는 대신 회피하고 미루는 패턴이 있는 이유도 유방암과 무관하지 않았다.

다양한 예술 매체로 마음을 표현하고 몸을 한껏 움직이고 춤을 추면서 무의식에 뿌리깊게 자리하고 있었던 유방암 트라우마가 차츰차츰 치유되기 시작했다. 또한 좀처럼 해결되지 않았던 콤플렉스 문제에서도 조금씩 벗어날 수 있었다. 수술 자국과 한쪽 유방만 있는 내 가슴을 거울로 볼 때마다 속상하고 불만스럽고 화가 치밀었다. 내 모습을 있는 그대로 받아들이고 마음의 평안을 찾는 것은 결코 쉽지 않았다.

유방 복원 수술을 받으러 10번 정도 병원을 찾아갔으나, 수술의 과정이 너무 무서워서 매번 포기해 버렸다. 점점 여성성에 대한 자신감이 떨어지고, 수치심도 해결되지 않아 삶에서 자꾸만 뒤로 물러나서 어디론가 숨고 싶고 회피하려는 패턴이 나도 모르게 생겼다.

오랜 가슴 콤플렉스에서 벗어날 수 있는 첫 계기가 된 수업이 있었다. 수많은 세월이 지나도 유방암에서 자유롭지 못하게 하는 한쪽 가슴의 수술 자국 아래에 있는 흉곽을 손으로 가만히 만져 보았다. 그 순간 생명 유지에 가장 중요한 심장과 폐가 단단한 갈비뼈들로 이루어진 튼튼한 흉곽 안에서 안전하게 보호받고 있다는 사실을 처음으로 깨달았다. 가슴의 상처 아래에서 힘차게 뛰고 있는 심장 박동을 느끼며 그토록 신비롭게 몸을 창조한 신께 감사하며 기쁨의 눈물을 흘렸다..

암으로 곧 죽을 수도 있고, 또 재발하거나 전이될 수도 있다는 두려움과 불안감으로 힘겹게 싸워온 내가 가장 듣고 싶었던 소리는 "걱정마, 너는 안전해"였다. 의사도, 부모도, 친구도, 그 어느 누구도 결코 확신을 가지고 해줄 수 없었던 말을 단단한 갈비뼈들 아래 심장과 폐를 안전하게 보호하고 있는 흉곽이 내게 조용히 하지만 단호하게 말해주었다. "너는 안전해, 이미!"

안나 선생님도 50대 후반에 대장암을 앓고 병원에서 수술과 항암치료를 받았다. 3년 후에 대장암이 재발하여 병원에서 다시 수술 처치와 항암치료를 받았는데, 이때 의사가 그녀에게 이렇게 말했다.

"당신은 지금 아주 좋은 상태입니다. 암이 치료되었습니다. 그러니 전처럼 생활할 수 있을겁니다."

하지만 안나 선생님은 "그것 참 우습군요. 나는 전혀 좋은 상태가 아닌 것 같은데요. 겁이 나요. 내가 왜 암에 걸렸는지 모르겠어요. 그런데다 지금 당장 어떤 인생을 살아야 할지도 암담한걸요."라고 대답했다.

그래서 안나 선생님은 자신의 대장암 치유를 위한 자화상을 그리고 그림과 춤을 추면서 극복하셨다. 이 체험을 통해 그녀는 는 캘리포니아의 멘로 파크에 있는 '암 자활 및 교육 센터'에서 치유를 위한 워크샵을 진행하셨다. 이때의 경험이 『치유예술로서의 춤』책에 구체적으로 적혀있다.

"1972년, 춤 수업을 하는 중 나 자신에 관한 그림을 그렸는데, 골반 부위에 둥근 회색 덩어리가 나타났다. 그 그림은 부분적으로 춤을 거부하는 이미지를 나타내고 있었기 때문에 나는 무언가 잘못되었다고 직감했다. 나중에 그것은 몸 안에서 자라고 있는 악성 종양으로 판명되었다. 그 후 수술을 받았으나 3년 후 재발했다. 이번에는 나 자신을 치유하는 자화상을 그렸고, 그림과 춤을 추었다. 나중에 병은 자연적으로 완화되었다."

안나 선생님은 수술로 치료는 되었는지 몰라도 치유받지는 못했던 것 같은 자신의 경험을 통해, 서양의학과 대체의학을 병행하는 통합적인 방법을 권유했다. 그녀는 '치료(curing)'와 '치유(healing)'가 차이가 있음을 지적했다.

'치료'는 육체적으로 질병을 제거하는 행위로, 암의 경우 외과수술이나 화학요법, 방사선이나 다른 치료법 등이 행해지는 것이다. '치유'는 감정적, 정신적, 심리적, 영적, 그리고 육체적으로 건강한 상태에 도달하는 목적으로 동시에 여러 차원에서 작용되는 것이다. 이러한 치유 방법으로 명상, 요가, 춤, 그리고 미술 외 다른 예술치료 등을 병행했을 때, 삶을 확장시키고 연장해서 삶의 질을 높이는데 도움을 줄 수 있다.

자신의 직접적인 체험을 통해 안나 선생님은 '춤이 자기 치유의 창조 행위'라고 인식했다. 정신은 알지 못하나 육체는 알고 있다는 확신을 가지고 참가자들이 감각을 깨우면서 떠오르는 이미지와 동작을 통해 직관을 따라 자기 자신과의 친밀감을 확장해 나갈 수 있도록 안내했다.

"자신이 미처 인식하지 못하는 욕구들과 육체가 가진 지혜와 이에 대한 우리의 저항 속에서 일어나는 **훌륭한 춤**"을 안나 선생님은 자화상과 춤을 추면서 극명하게 보여주었다. (영상은 유튜브에서 Anna Halprin, Dancing my cancer(1975) 검색하여 참조하세요)

안나 선생님 말씀에 따르면 '치유란 우리 내면에 있는 존재 안에서 일어날 수 있는 일종의 여행'이다. 그녀는 암환우를 위한 워크샵에서 암환우들이 이러한 치유 여행을 떠날 수 있도록 격려하셨다. 우리 스스로가 각자의 내면에 가지고 있는 개인적인 지식과 리듬과 동작을 활짝 열어 젖혀서, 발견되지 않았던 자신의 어두운 면을 끌어내고, 그 어둠의 정글을 뚫고 나가 탐험가가 될 수 있다. 그래서 컴컴하게 어둡던 동굴이 더 이상 어둡지 않게 되어 엎드려 포복해야만 했던 삶에서 비로소 생명력 넘치는 건강한 삶으로 비상할 수 있게 된다.

2021년 5월 24일 100세의 나이로 안나 선생님은 세상을 떠나셨다. 그 소식을 접하고 나서 나는 매일 새벽 5시경에 일어나 집 앞에 있는 봉화산 정상 아래 전망대에 올라 찬란히 떠오르는 아침의 태양을 맞이하면서 햇빛과도 같은 안나 선생님을 추모했다.

유방암을 겪으며 두려움과 수치심으로 대했던 나의 몸에 안나 선생님은 춤추는 기쁨을 일깨워주셨다. 스승님의 귀중한 유산을 기억하며 유방암 32년 생존자로서 나는 <암에서 춤으로>® (Cancer into Dancer) 치유예술 프로그램을 운영하며 암환우의 치유 여정에 동행하고 있다

누드 비치에서 옷을 벗다! 굿바이 가슴 콤플렉스

    2001년 1월에 박사논문을 쓰기 위해 6개월간 미국 캘리포니아주 샌디에고의 라호야 지역에 있는 UC샌디에고 대학교에 간 적이 있다. 매일 아침 일찍 대학교의 가이젤 도서관에 도착해서 가방을 놓고 캠퍼스와 가까운 해변가인 블랙스 비치(Black's Beach)까지 걸어갔다. 모래가 검은 색이어서 블랙스 비치라고 불리었는데, 패러글라이딩을 하는 절벽 위에서 모래사장까지 15분 정도 구비구비 걸어서 내려가야 한다.

    드넓게 펼쳐진 라호야 지역의 아름다운 바다 풍경을 눈에 담고 '집시 킹'의 노래를 이어폰으로 들으면서 천천히 구비진 길을 내려갈 때 마음이 참 평온하고 행복했다. 이른 아침 서핑보드를 허리춤에 들고 검은 색의 서핑 슈트를 입은 서퍼들이 내 옆을 지나 바다로 향했다.

    30분쯤 한가하게 바닷가를 거닐다가 캠퍼스로 돌아와 치즈를 바른 베이글 빵과 모닝 커피로 간단한 아침을 먹고 도서관에서 책을 읽었다. 아침 산책을 시작한지 한달쯤 지나서야, 나는 그곳이 누드 비치라는 사실을 남자 동료 에릭을 통해 알게 되었다. 낮에 그곳에 가면 샌디에고 카운티에서 공식적으로 누드를 허용한 일정 구역이 있어서 비치에서 누드로 있는 사람들을 볼 수 있다는 것이다.

에릭은 낮에 그곳에 자기와 한번 같이 가보자고 제안했다. 처음엔 바닷가에서 누드의 몸을 본다는 것이 쑥스럽게 생각되었지만, 한편 호기심도 들어서 같이 가보기로 했다. 낮 12시쯤 찾아간 블랙스 비치는 이른 아침의 고요하고 한적한 풍경과는 전혀 다르게 사람들이 많았다. 그리고 정말 놀랍게도 옷을 다 벗은 채 햇빛을 쬐고, 누드로 수영을 하고 있었다. 벗은 몸으로 바닷가를 거닐거나 심지어 달리는 사람도 있었다. 처음에는 문화적 충격으로 그런 모습을 눈으로 직접 보는 것 자체가 부담스럽고 힘들었다.

에릭은 한국 여성인 내가 바닷가에서 누드로 있는 사람들을 난생 처음 목격하고 어쩔 줄 몰라 하는 모습을 보고 재미있어 했다. 그는 나에게 이 기회에 한번 같이 누드를 시도해보자고 짓궂은 제안까지 했다. 나는 소스라치게 놀라서 절대 그럴 수는 없노라고 말했다. 누드를 시도하는 일 자체도 내게는 엄청난 일이지만 더욱이 가슴 하나를 잃은 몸으로 누드를 시도한다는 것은 언감생심 불가능한 일이었다. 그는 나의 속사정을 전혀 모르니 그렇게 말했을 것이다.

사실 그쪽 지역에 살고 있는 미국인들 중에서도 누드에 대해 불편하게 여기는 사람들이 있다. 합법적으로 인정된 이 누드 구역의 정식 명칭은 '클로씽 옵셔널'(clothing optional) 로서 '옷을 입어도 되고 입지 않아도 되는'이란 뜻이다. 옷을 입고 안입고는 전적으로 본인의 선택에 달려있다. 주중에는 누드 비치에 그 지역 사람들이 오지만, 주말이 되면 멀리 다른 지역에서 많은 사람들이 찾아온다. 가족이나 연인 또는 친구들끼리 누드로 비치에서 배구 게임도 하고, 피크닉으로 맥주 등과 먹을 것을 준비해서 놀러 오는 사람들도 많다. 누드로 뜀박질도 하고, 수영과 일광욕을 즐기고, 서핑을 누드로 하는 사람도 있다.

블랙스 비치가 누드 비치라는 곳을 알고 나서는 규칙적인 이른 아침 산책을 하고서도 가끔씩은 혼자서 낮에 다시 와 보았다. 처음에는 충격으로 다가왔으나, 여러 번 그런 모습을 보게 되니 누드에 대해 조금씩 편안하고 자연스럽게 받아들일 수 있었다. 나중에 친구들과 어울려 이곳에 왔을 때, 그들은 거침없이 옷을 벗고 누드로 수영하고, 일광욕을 즐기고, 독서를 했다. 그러나 나는 누드를 시도해볼 생각조차 할 수 없었다. 사람들이 있는 바닷가 비치에서 옷을 벗고 알몸으로 수영을 하고 일광욕을 즐기는 일은 살아생전에 불가능한 일로 여겨졌다.

하지만 가슴 한 켠에는 만일 내가 유방암 수술로 가슴 하나를 잃지 않았다면, 언젠가 한번 용기내어 누드를 시도해 볼 수는 있을텐데라는 씁쓸하고 서글픈 심정도 밀려왔다.

그런데 인생은 정말 알 수 없는 일이다. 미국인들이 자주 사용하는 표현처럼 인생은 "누가 알아? (Who knows?)," "아무도 모른다. (You never know!)" 그래서 인생은 오래 살아봐야 한다는 말이 있지 않은가!

그 후로 11년이 지난 2011년 여름에 다시 블랙스 비치를 찾아갔다. 그때는 미국의 타말파 연구소에서 동작중심 표현예술치료 수업을 1년 동안 집중적으로 받고 난 후였다. 나의 기대와 예상을 훌쩍 뛰어넘어 17년간 몸과 마음에 켜켜이 쌓여있던 유방암 트라우마와 콤플렉스로부터 깊은 치유를 체험한 뒤였다. 오랜 세월 한쪽 가슴에 대해 스스로 보이지 않는 벽을 만들었던 콤플렉스에서 드디어 해방된 기쁨을 자축하고 싶었다. 11년 전에는 감히 꿈조차 꿀 수 없었던 블랙스 비치에서 누드를 10일 동안 연속해서 시도하기로 결심했다. 한번의 누드로 그칠 것이 아니라 10일간 계속한다면 누드가 훨씬 더 편해지고 자연스러워질 것 같았다.

사실 블랙스 비치에서 일반 남자는 물론 더더구나 여성이 수영복이나 옷을 벗고 누드로 있는 일이 쉬운 일이 아니다. 그런데 가슴 하나를 잃은 여성의 몸으로 그곳에서 옷을 벗으려면 굉장한 용기가 필요했다. 지난 1년간 예술치유 작업을 통해 몸 자체에 대한 신비와 아름다움에 새로이 눈을 뜨면서 나는 다시 태어났다. 내가 사랑하는 아름다운 라호야 지역의 블랙스 비치에서 내 몸을 있는 그대로 긍정하며 누드에 도전하는 일은 치유 여정에 있어서 충분한 가치와 의미가 있었다.

10일 연속 누드 리츄얼의 첫날은 내 예상과 달리 실패했다. 비치에는 남자 몇명이 누드로 일광욕과 수영을 즐기고 있었다. 파라솔을 치고 자리를 편 후에 옷을 벗으려고 했는데, 주변에 있는 남자들의 시선이 신경 쓰였다. 몇번 더 누드를 시도하려했지만, 오히려 몸이 움츠려 들었다. 심지어 내 머릿 속에 회의적인 말들이 맴돌았다.

"아니 내가 왜 꼭 누드를 해야 하지? 이런 시도 자체가 여전히 콤플렉스에서 자유롭지 못한 것이 아닌가?"

결국 수영복 차림으로 3시간 정도 앉아서 옷을 벗어야 한다는 강박적인 생각과 씨름만 하다가 결국 포기하고 숙소로 돌아왔다.

둘째 날이었다. 다시 블랙스 비치로 가서 재도전을 시도했다. 이상하게도 그곳에 먼저 온 누드의 남자들이 별로 신경쓰이지 않고, 아름다운 바다의 경치에 마음이 쏠렸다. 그래서일까? 용을 썼던 첫날과는 달리 쉽사리 웃옷을 벗을 수 있었다. 그리고 지체 없이 입고 왔던 반바지도 벗었다. 나는 푸른 바다 앞에서 발바닥으로 고운 검은 색 모래를 느끼며 옷을 다 벗어 던졌다. 마침내 누드가 되었다. 다 벗은 몸 위로 태양의 열기가 고스란히 느껴졌다. 두 팔을 들어 올리며 바다에게 말했다.

"드디어 자유다! 자유!"

바닷물에서 누드로 수영하는 사람들을 보고 있으니 나도 그러고 싶었다. 하지만 그것은 또하나의 도전이 되어 잠시 망설여졌다. 자유롭게 알몸으로 수영을 즐기는 사람들을 부러운 마음으로 한참 바라보고 있었다.

그때 내 쪽을 향해 일광욕으로 피부를 보기좋게 건강하게 태운 누드의 한 남자가 다가왔다. 그가 내게 간단한 인사를 했을 때 누드가 처음인 나는 좀 쑥스러워서 무릎을 세워 몸을 살짝 가리는 자세를 취했다. 하지만 밝은 미소를 띈 그와 이런 저런 이야기를 나누다보니 서서히 긴장이 풀렸다. 그리고 나의 유방암 이야기와 치유의 과정과 10일간의 누드 리츄얼 도전을 이야기했다.

어제 첫날엔 누드에 실패를 했으나 오늘 둘째 날에는 용기내어 옷을 다 벗을 수 있었다고 말했다. 하지만 일어나서 바닷물로 걸어가기가 어렵다고 고백하자, 그는 친절하게도 자신이 바닷물까지 같이 걸어가 주겠다고 했다. 그의 제안에 고마워하며 그의 손을 잡고 자리에서 일어나서 바닷물로 같이 걸어갔다. 그리고 바닷물 속으로 좀 더 걸어 들어가니 피부에 닿는 바닷물의 시원하고 부드러운 감촉이 짜릿했다. 그는 내가 기뻐하는 모습을 보고 환한 미소를 띄면서 나의 도전을 응원해준 뒤 떠나갔다.

한참을 바닷물 속에서 수영하고 놀다가 몸을 돌려 모래사장에 있는 내 자리로 돌아가려고 하는데 갑자기 자신이 없어졌다. 그곳의 몇몇 누드의 남자들이 나의 몸을 바라볼텐데 내가 당당하게 걸어가는 것이 쉽지 않았다. 결국 나는 몸을 돌리기 전에 내 가슴을 두 손으로 가린 뒤 돌아서서 내 자리까지 걸어갔다. 그래도 어쩌면 평생 한이 될지도 모를 누드의 시도를 마침내 해낸 내 자신이 너무나 대견했다.

뭔지 모를 내 가슴 속의 단단한 응어리 하나가 녹아내린 것 같았다. 이 첫 누드의 성공으로 18년간 나를 괴롭혀왔던 유방암 트라우마와 콤플렉스에게 "굿~바이" 인사를 할 수 있었다.

셋째 날에는 블랙스 비치에 도착하니 나를 알아보고 반기는 남자도 있었다. 이제는 옷 벗는 것이 수월해지고 속도도 빨라졌다. 그리고 바닷물로 곧바로 가서 혼자서 수영도 즐겼다. 뜻밖에도 내 자리로 돌아올 때 더 이상 가슴을 손으로 가리지 않고 당당히 걸어갈 수 있었다. 어머나 이럴 수 있다니! 그런 내자신에게 내가 더 놀랬다.

　삼일 정도가 지나니 마음에 여유가 생겨서 그곳에서 누드로 일광욕을 하거나, 걷거나, 수영하는 여러 다른 사람들을 둘러 볼 수 있었다. 나 자신이 누드를 몸소 체험하면서 문명사회가 주입시킨 몸에 대한 왜곡된 편견과 콤플렉스에서 벗어날 수 있었다. 누드의 다양한 몸들을 바라보면서 편견을 내려놓고 몸 그 자체에 대해 찬찬히 감상할 수 있었다. 푸른 바다와 함께 벌거벗은 몸의 풍경을 바라보면서 많은 생각을 하게 되었다. 그리고 누드로 바닷물을 느끼고, 햇빛을 느끼는 내가 참 멋있고 당당하게 느껴졌다.

　넷째 날은 토요일이었는데, 멀리 여러 지역에서 다양한 사람들이 누드가 합법적으로 가능한 블랙스 비치를 찾아온다. 지난 삼일간은 그 지역의 몇몇 사람들, 여자는 별로 없고 주로 남자들로 은퇴한 노인이나, 누드를 즐기는 자연주의자인 중년의 남자들 몇 명 정도로 좀 한적한 편이었다. 주말이라 가족들, 연인들, 지인들, 동호회 사람들 등 수많은 다양한 사람들이 이곳을 찾아왔다. 이렇게 많은 다양한 사람들과 함께 내가 누드를 시도하는 일 또한 새로운 도전이 되었다.

　나는 파라솔을 장치하고 자리를 편 후에 주저없이 얼른 옷을 벗었다. 나와 가까이 있는 곳에 자리를 잡은 금발의 젊은 여성은 혼자 왔는데 누드가 아닌 비키니 수영복을 입고 있었다. 잠시 그녀와 눈이 마주쳤는데, 나의 가슴을 바라보더니 눈을 좀 크게 뜨며 살짝 놀란 표정을 지었다. 그러더니 내게 손을 들어 엄지척을 하더니 자기가 가져온 아이스박스 안의 시원한 캔맥주 한 개를 나에게 건넸다. 나는 마침 목이 마른 참이어서 감사하게 맥주를 받아 마셨다.

우리는 아무 말도 하지 않았지만, 무언의 교감을 눈빛으로 주고 받았다. 그녀는 수영복을 끝내 벗지 않았다. 사실 그곳에서 그녀가 꼭 수영복을 벗어야 할 필요는 없다. 그때 그녀가 아이스박스에서 꺼내 건네준 캔맥주를 마셨을 때, 더운 열기를 식혀줄 뿐만 아니라 내 가슴까지 시원하게 뻥 뚫어주었다.

토요일과 일요일에는 주중에 결코 볼 수 없는 여러가지 진풍경들이 누드 비치에서 펼쳐진다. 엄마, 아빠, 아이들까지 가족들 모두가 누드로 공놀이를 하기도 한다. 또 모래사장에 설치된 골대나 매트를 사이에 두고 대학생 또래 친구들끼리 농구나 배구 경기를 펼친다. 연인끼리 와서 서로 벗은 몸에 오일을 발라 주며 썬탠을 즐기거나 책을 읽기도 한다. 다양한 연령층의 남녀노소가 와서 벗은 몸으로 자유롭게 바닷가를 누리는 모습을 보며 나도 서서히 훨씬 더 편안하고 자연스럽게 누드를 받아들일 수 있었다.

나는 목표로 세운 10일을 하루도 빠짐없이 블랙스 비치로 와서 치유를 위한 누드 리츄얼을 성공적으로 해내었다. 횟수가 거듭될수록 누드가 더욱 자연스러워졌고, 그 누구의 시선에도 흔들림없이, 당당하게 그 자유함을 누렸다. 푸른 바다를 향해 두 팔을 벌리고 누드로 당당히 서있는 나의 몸이 이렇게 내게 속삭여주었다.

"넌 아름다워, 충분히!"

아름다운 나를 사랑하는 여정, '아나사 리트릿' 개원

인생은 종종 예상 밖으로 아이러니하게 흘러가는 것 같다. 돌이켜보니 젊은 나이의 나에게 유방암 3기로 앞으로 6개월 정도 밖에 살 수 없다는 의사의 진단 때문에, 아니 어쩌면 그 진단 덕분에 거침없이, '막' 살 수 있었다. 살 날이 얼마 남지 않은 사람에게 허용되는 호의와 배려를 받으면서, 인생에서 짊어져야할 의무에서 벗어난 삶을 산 셈이다.

"얼마 못살텐데 뭐" 미래를 위해 돈을 버느라 아둥바둥 살 필요도 없었다. 수술후 첫 2년동안은 엄마가 각종 신선한 야채로 녹즙을 만들어주셨다. 내 피 색깔이 빨간색이 아니라 초록색일 것만 같았다. 하지만 그 후로는 먹고 싶은 것 다 먹었다. 고기를 먹지마라, 우유를 먹지마라, 짜게 먹지마라, 혹은 무엇무엇을 먹어라 등등 권유를 받았지만, 사실 난 전혀 개의치 않았다.

하지만 나 역시도 피할 수 없는 인생의 과제가 주어졌고 스트레스를 마냥 피할 수는 없었다. 하고 싶어서 선택했다기 보다는 상황상 해야만 했던 영문학 석사와 박사과정 공부는 매우 힘들었다. 근 10년에 걸쳐 박사 논문을 완성하는 일은 내게 즐거움 보다는 고문에 가까웠다. 그래도 논문을 쓰면서 삶에 대해 갖고 있던 근본적인 의문점들을 탐구하고 그 답을 찾아가는 시간이 주어진 것에 대해서 매우 감사하게 여긴다.

무엇보다 유방암으로 힘들고 외로웠던 시절에 영문학 공부를 통해 내 영혼의 동물 고래를 만난 것은 커다란 행운이자 신의 축복이었다. 고래와 함께 32년간 국내외 아름다운 바다를 찾아다니면서 숨통이 트였고 스트레스도 실컷 풀었다.

여러 바닷가 중에서도 내 치유가 완전히 종결된 곳은 지중해의 섬나라 키프로스의 바닷가였다. 아직 코로나19로 해외여행이 제한적이었던 2022년 5월과 10월 한달씩 그곳을 찾아갔다. 운명의 여신이 나를 바다의 거품에서 태어났다는 신화를 가진 아프로디테 여신의 고향, 키프로스의 해변가로 이끌었다.

이태리 화가 보티첼리가 그린 유명한 '비너스의 탄생' 그림에서 벌려진 조개 위에 서있는 비너스 여신의 포즈는 항상 나의 시선을 붙들었다. 누드의 모습으로 한 손은 가슴을 가리고 한 손은 음부를 가린 비너스의 포즈는 가슴 한 쪽이 절제된 후 남아있는 상처를 한 손으로 가리는 내 모습과 닮았다. 로마의 비너스 여신은 그리스의 아프로디테 여신에 비견된다.

2010년 9월, 미국의 동작중심 표현예술치유 교육기관인 타말파 연구소에서 다리아 할프린이 수업 첫 날 학생들에게 두개의 질문을 던졌다. 첫번째 질문은,
"여러분은 이곳에 왜 왔나요?"
이 질문을 듣자마자 곧바로 떠오르는 이미지가 있었다. 그리스 신화에서 활을 더 잘 쏘기 위해 한쪽 가슴을 잘랐다는 아마존 여전사의 이미지였다. 나는 정신적으로든 신체적으로든 암과 싸워왔던 전사로서 아마존 여전사의 후예쯤으로 연대의식을 갖고 있었기 때문이다.
하지만 두번째 질문은 전혀 생각해 보지 못했던 것이다.
"이 수업 과정을 모두 마치고 났을 때, 여러분은 어떤 모습을 예상하나요?"
치유를 하는데 온통 신경을 쓰느라, 치유가 끝난 뒤의 모습은 상상도 못했다. 그런데 이 질문을 듣고나서 조용히 떠오르는 이미지가 아프로디테 여신의 포즈였다. 내가 유방암으로 잃어버린 상처를 반영할 뿐만 아니라 내가 온전히 회복하고 싶은 아름다움을 이중적으로 표상하고 있기 때문이다.

3개월쯤 지나서 수업 중에 10분 정도 그림을 그릴 때, 의도하

지 않았는데 조개 위에 서 있는 아프로디테 여신의 모습을 그리 게 되었다. 이때 특이하게도 평소에 기피했던 분홍색을 집어들어 여신의 몸 실루엣을 그렸다. 나의 아프로디테 여신 그림은 활짝 벌려진 조개 위에 서서 왼쪽 가슴은 긴 머리 카락으로 가리고 있었고, 한 팔은 위 로, 한 팔은 아래로 향했으며, 두 눈을 감고 입가에 미소를 띄고 있었다.

나의 치유가 완성된 모습이 어떠할지 질문을 받았을 때 뜻밖에 떠올랐던 이 아프로디테 여신의 이미지를 나는 오랫동안 잊고 있었다.

최근 몇년 동안 여성 영성과 여신에 관한 영문책을 번역하는 '아카데미 할미' 커뮤니티에서 활동하면서 공동번역서로 『다시 태어나는 여신』을 2020년 7월에 출간했다.

이 책의 저자는 여신운동 선구자인 캐롤 크리스트인데, 그녀는 미국에서 교수직을 그만두고 그리스의 크레테 섬으로 건너가 활동을 이어갔다. 그녀의 한글 번역서 출간 축하를 위해 한국 방문을 약속했는데, 안타깝게도 얼마 앞두고 2021년 7월에 돌아가셨다.

캐롤 크리스트를 추모하는 새벽 줌 미팅에 참가한 나는 비몽사몽간에 꿈 속에서 그녀와의 연결을 느꼈다. 꿈에서 깨어난 후, 아프로디테 여신의 탄생지가 지중해의 섬나라 키프로스라는 것을 처음 알게 되었다.

  마침 그 무렵에 2017년 봄, 하와이에서 경험했던 국제에너지 치유사 자격자 훈련 과정이 키프로스 남쪽에 있는 파포스 지역의 아프로디테 비치 호텔에서 개설된다는 소식을 들었다. 그때는 코로나19로 해외여행이 자유롭지 않았는데도 나는 반드시 키프로스로 가야 된다는 직감이 강하게 들었다. 결국 나는 그 훈련과정을 신청하고 2022년 4월 말에 키프로스행 비행기에 몸을 실었다.

  키프로스의 아프로디테 비치 호텔에 도착하여 2주간의 국제 에너지 치유자 자격자 훈련과정을 잘 마쳤다. 하지만 그 호텔에서 뜻밖의 소중한 인연으로 요가를 가르치는 60대 중반의 독일 여성인 비르기트를 만났다. 키프로스를 4년째 방문한 그녀와 함께 아프로디테 여신에 대해 많은 이야기를 나눌 수 있었다.

  아프로디테 비치 호텔 앞 바닷가에서 한 20분 가량 걸어가면 5성급의 아나사 호텔이 있었다. 비르기트는 나에게 호텔 이름 '아나사 ANASSA'가 옛 그리스어로 '여왕'이란 뜻이라고 알려주었다. 그리고 이 여왕이라는 호칭은 키프로스의 '아프로디테 여신'을 가리키는 것이라고 설명해주었다. 비르기트와 나는 키프로스의 아프로디테 비치 호텔에서 유방암 환우의 치유 여행 프로젝트를 같이 기획해보자고 뜻을 모았다.

코로나19 상황으로 이 기획은 시기상조였지만, 그 꿈을 꼭 실현하고 싶어서 사전 답사 여행으로 2022년 11월에 키프로스의 그 호텔에서 우리는 다시 만났다. 비르기트와 나는 재회의 기쁨을 누리며, 앞으로 펼쳐갈 치유 여행 프로젝트를 위해 구체적인 일정과 방문지와 프로그램을 함께 논의했다.

비르기트가 독일로 돌아가기 하루 전날에 호텔 앞에 있는 바닷가에서 옷을 벗고 수영하자고 제안했다. 그곳은 공식적인 누드 비치가 아니기 때문에 우리가 누드로 수영하는 것은 아주 조심스러운 일이었다. 마침, 11월 중순이어서 바닷가에 사람이 아무도 없었다. 우리는 바닷가에서 만나 옷을 벗고 바닷물 속으로 들어갔다. 나는 수영을 먼저 마치고 모래사장에서 그녀를 기다리고 있는데, 수영을 마친 비르기트가 바닷물 속에서 누드의 몸을 드러내며 천천히 걸어 나왔다.

그 순간 나를 향해 다가오는 풍만하고 아름다운 누드의 여인 비르기트가 마치 아프로디테 여신의 화신으로 보였다. 우리 두 사람은 누드의 몸으로 서로 포옹한 채 천천히 숨을 들이쉬고 숨을 내쉬었다. 오직 서로의 숨 쉬는 몸을 느낄 뿐이었다. 마치 그리스의 신화 속에 나오는 한 장면과도 같았다. 영원한 순간으로 느껴졌다. 비르키트의 포옹은 나에게 치유의 완성을 상징했던 아프로디테 여신의 포옹이었다. 그녀의 포옹으로 나의 29년 된 유방암 트라우마와 콤플렉스가 완전히 녹아내렸다. 드디어 몸과 마음 모두 100% 치유되었다.

치유가 종결된 이후 나의 에너지는 360도 달라졌다. 나에 대한 집중에서 내 도움이 필요한 사람들을 향해 내 가슴이 활짝 열리게 되었다. 용기 내어 감행한 키프로스로의 치유 여행은 아프로디테 여신을 칭하는 '여왕'의 뜻을 가진 그리스어 '아나사'라는 말을 나에게 축하 선물로 주었다.

2024년 10월 30일에 맞이한 60세 환갑을 축하하기 위해 '아나사 리트릿' 스튜디오를 개원했다. 유방암 3기로 6개월밖에 못 산다는 의사의 무지막지한 진단에 보란 듯이 60세까지 건강하게 살아온 나의 삶을 축하하며 환갑파티를 열었다.

아프로디테 여신이 내 치유의 완성을 축하하며 주신 선물인 '아나사'라는 말에 '아름다운 나를 사랑하는 여정'의 의미를 담아 "아나사 리트릿"으로 스튜디오의 상호를 지었다.

이곳에서 심신통합치유인 예술심리상담과 자연치유인 아로마테라피를 통해 암환우의 건강 회복을 지원하는 치유 여정에 동행하고 있다. '아나사 리트릿' 스튜디오에 찾아오시는 모든 분들이 몸의 주인이 되고, 몸과 마음이 건강을 회복하여 행복한 삶을 향유할 수 있도록 힘껏 응원한다.

에필로그

"끝은 늘 시작의 또 다른 이름이었습니다."

　함께 글을 쓰고, 함께 삶을 나누며 우리는 '작가'라는 이름을 처음으로 입에 올렸습니다. 때로는 두려웠고, 때로는 설레었고, 무엇보다 서로가 있어 가능했던 여정이었습니다.

　여기, 한 권의 책이 완성되었습니다. 하지만 이 책의 마지막 페이지는 끝이 아닌 새로운 출발점입니다. 이제 우리는 각자의 자리에서 글을 이어갑니다. 서로에게 그리고 이 책을 읽어 줄 당신에게 보내는 짧은 인사와 다짐을 전합니다.

　삶이라는 도화지 위의 흔적들이 모여 우리 각자의 그림책이 됩니다. 이 글을 쓰며 잠시 쉬어가는 페이지를 만들고자 했습니다. 하지만 나의 생각을 정리하고, 스스로를 응원하는 의미있는 시간이 되었습니다. 이러한 나의 이야기가 당신의 여정에 작은 용기가 되길 바랍니다.

_ 아문 작가

내 안의 작고 떨리던 목소리로 시작한 글이 한 권의 책이 되었습니다. 조용했던 내가 수많은 도전과 부딪침 속에서 조금씩 단단해졌고, 그 시간들을 꺼내며 지난날을 돌아보게 되었어요. 이 이야기가 누군가의 멈춰있던 마음에 변화를 향한 작은 움직임으로 닿기를 바랍니다.

_ 조수진 작가

글을 써 내려가는 동안 삶을 찬찬히 돌아보게 되었습니다. 문장 하나하나를 쓰면서 때로는 망설여지기도 하고 고민도 되었습니다. 그러면서 내 안의 나를 좀 더 잘 알아가는 과정이 되었습니다. 이제는 저와 닮은 누군가가 제 이야기를 읽으면서 작은 위로가 되었으면 좋겠습니다.

_ 김혜진 작가

살면서 예기치 않은 순간을 경험하곤 한다. 이현정 대표님과의 만남이 그러했다. 오십이 넘어 취미로 배워보려 했던 글쓰기 수업이 나를 작가의 길에 들어서게 했다. 소중한 인연을 통해 진정한 나에게로 향하는 글쓰기 여행을 떠나보려 한다.

- 강담 작가

긴 이야기를 써본 적 없던 내가, '낭만'이라는 단어에 마음을 빼앗겨 처음으로 글을 쓰기 시작했습니다.

쓰는 동안 스스로에게 묻고, 또 조용히 대답하며 내가 어떤 사람이고 싶은지 천천히 마주하게 되었습니다. 이 글은 나에게 보내는, 두 번째 목표를 향한 작은 응원의 문장입니다.

- 시나 작가

삶은 때로 빛으로, 때로 통증으로 나에게 말을 걸어왔다. 피하고만 싶던 그 아픔은 결국 나를 멈추게 했고, 나 자신을 돌아보게 했으며, 글을 쓰며 조금씩 성장하게 했다.

아픈 손가락 같은 날들을 지나고 있는 이들에게, 이 글이 조용한 위로가 되기를 바란다. 그대의 삶에도 언젠가, 따뜻한 빛이 말을 걸어오기를.

- 김현희 작가

오랫동안 많은 이야기들이 머리 속에서 이리저리 떠돌아다녔다. 글로 옮기면서 내 삶이 참 괜찮았고 내 자신이 참 멋진 사람인 것을 새삼 느꼈다.

유방암이 내 삶의 뿌리를 뒤흔들어 파헤쳐 놓았을 때, 잊고 있던 몸으로 돌아가 춤을 발굴해낸 전화위복의 윤명을 사랑한다. 아모르 파티!

글을 쓰면 삶이 보인다. 내가 보인다. 내가 나와 마주하며 지나온 삶에게 박수를 칠 수 있었던 '나는 작가다'의 글쓰기 여정에 감사드린다.

_ 미류 작가

우리가 쓴 마지막 문장 옆에,
당신의 문장이 이어지기를 바랍니다.

삶을 쓰다, 나를 찾다
나는 작가다 1기 공저 프로젝트

발행일 | 2025년 06월 10일
지은이 | 아문, 조수진, 김혜진, 강담, 시나, 김현희, 미류
펴낸이 | 이현정
디자인 | 이현정

펴낸곳 | The Moment
이메일 | themoment350@naver.com
출판등록 | 2024년 5월 2일 (제2024-000014호)
ISBN | 979-11-987824-3-4 (03810)